政治から記号まで

思想の発生現場から

フェリックス・ガタリ
Félix Guattari
粉川哲夫
Kogawa Tetsuo
杉村昌昭
Sugimura Masaaki

扉Photo by 梶洋哉

政治から記号まで——思想の発生現場から・目次

ガタリが語る

ガタリを語る

Photo by 梶洋哉

「ベルギーにジャン・ポール・ジャケットという、ラジオのワークショップで僕を呼んでくれた男がいたわけです。ベルギーはガタリに対する関心が高いんですよ。……僕はガタリに会ったことがある、インタビューもあるんだよと言ったところ、ぜひ見せてくれと言う。で、テープを送ったらバッーと起こしちゃったわけ（笑）。それを僕にインターネットで送ってきた。向こうで出したいと言うから、ガタリはなにしてもいいと言っていたから出しなさいと言った。たまたまその話をインパクト出版会の深田さんにしたらぜひ見たいと言うので送った。そしたら今度は杉村さんがばっと訳してしまったから急遽こういうことになった。こういうのを運動的ノリというんですね。」（粉川哲夫—本書の対談から）

本書に集められた3つのガタリ・インタビューは、第1回は「日本読書新聞」のため一九八〇年一〇月一八日に、第2回は『月刊イメージフォーラム』のため一〇月二四日に、第3回は一九八一年五月二二日に「日本読書新聞」のために行われた。翻訳と訳注（〔 〕内の補注も含めて）は杉村昌昭である。

Photo by 梶洋哉

分子的無意識と革命

一九八〇年一〇月十八日

粉川哲夫・インタビュー

杉村昌昭 訳

ミクロな政治とマクロな政治

粉川　まず自己紹介させて下さい。一九七二年に出版された、あなたとジル・ドゥルーズとの共著である「資本主義と分裂症」の第一巻『アンチ・オイディプス』は、現代のラディカルな思想についてのわれわれの研究仲間に衝撃を与え、その翌年くらいから、私はあなたの著作に親しむようになりました。しかし、一九七五年にニューヨークを訪れるまで、私はあなたの理論についてそれほど深く考えることはありませんでした。そのときから私はニューヨークに足繁く通うようになったのですが、そのニューヨークで私は『サブ・スタンス』（Sub- stance）とか『ディアレクティック』（Dialectics）、『セミオテクスト』（Semiotext(e)）といったような雑誌を通して、あなたの論説とさらに親しく接するようになるのです。しかし、そこで、同時に、アメリカの伝統的な反体制勢力が目に見えて衰え、それに取って代わって、多国籍企業が強力に頭をもたげ、情報伝達や広告の技術が日常生活にしだいに深く浸透しつつあるのを私は目のあたりにしました。そういった状況のなかでは、以前のような革命的集団に望みを託すことはますます困難になっているのみならず、反体制集団性ですら、支配システムによって一種の内部的調整の道具として利用されかねないのです。それに、支配システム自体（これは共産主義国家の場合とはいささか異なるのですが）がシステムの内部にそのようなメカニズムをつくりだすことにやぶさかではない。これはポール・ピッコーネの用語で言えば「人工的否定性」ということです。似たような流れが、もっと小規模ではあるけれども、もっと密度の高いかたちで、あちこちで出現してもいます。たとえば、日本でも同じような現象が起きているわけです。しかしながら、まさにこのような状況であるからこそ、あなたのミクロ政治学的な分析や戦略、あるいはあなたのいう多様性とか「欲望する機械」、「横断性」といったような基本的概念に自覚的な組織化のくわだてが、私には真実味をおびてくるのです。支配的なシステムによるコントロールが巧妙になればなるほど、あなたの分析や批判が真実味をましてくるのです。私があなたの思想や理論に関心をもったきっかけは、こんなところですが、こういう理解でよろしいでしょうか。

ガタリ　私の紹介もうまくしていただいて、つけくわえることは何もないですね。

粉川　さて、最初の質問にお答えいただけませんか。つまり、あなたのいうミクロ政治学とマクロ政治学とはどういう関係にあるのでしょうか?

ガタリ　それはかなり複雑な問題なので、インタビューの最初におくのがふさわしいかどうか私にはわかりません。つまり、その質問に答えるには、かなり面倒な理屈を述べなければならないのです。しかし、まあ、あなたにうまく処理してもらうということで、やってみましょう。

まず、ミクロ社会とマクロ社会という二つの次元、いわば社会的な集合の大きさを分けて考えること、ミクロ政治学的な問題とマクロ政治学的な問題、いいかえるなら分子的政治の問題とモル的政治の問題とを分けて考えることが必要だと思います。

粉川　私の関心はミクロな政治とマクロな政治がどう関係しているかということです。

ガタリ　マクロ政治的な現象、たとえばカーターやジスカールデスタン、あるいは田中といった連中の政策、彼らの選挙対策用の政策は、ミクロな政治の次元ではいかなる効果ももたないでしょう。逆に、たとえばフェミニズムの運動や同性愛者の運動、あるいは精神医療のオルタナティブの運動といったようなミクロ政治的な闘争は、マクロな政治の次元では一見効果をもたないように見えますが、一国全体さらには地球全体のレベルで非常に広がりのある効果をもちえるのです。

だから、私は、私が分子的無意識と呼ぶところにおけるミクロ政治的な変化が、フェルナン・ブローデルが「長期的」と呼ぶ次元、つまり歴史的次元をふくんだ状況変化をもたらすことができるという事実、それに対して、モル的レベルにおける政治的・社会的な大闘争は局地的な事件や出来事にとどまり、社会組織を本当に変えることはないということ、この二つを区別して考えなければならない、と言うわけです。

ソフトな社会的コントロールとハードな弾圧の共存

粉川　私に理解できないのは、最近のヨーロッパにおける反動的な流れです。特に、イタリアでは、警察力を駆使したひどい弾圧が登場しています。この流れは市民社会をソフトな仕方で巧妙にコントロールできなくなった権力システムの退行現象なのか、それとも何か先進的な新型の支配様式なのか、どうなんでしょう。また、こうしたヨーロッパにおける弾圧的な流れは、アメリカのような柔軟な自己制御システムが欠如しているために生じていることとも考えられるのですが？

ガタリ　第一に、あなたのいうヨーロッパとアメリカの違いが今後も存在し続けるとは私には思われません。二つのシステム、つまり、ソフトな社会的コントロールのシステムと、旧来の民主主義的システム――個人の人権を保障する一定の法的手続きにもとづく司法の独立システム――を一掃するようなハードな弾圧のシステムとが共存しうると考えなければならないでしょう。これは統合された世界資本主義の進展にともなう一般的現象であると私には思われます。

トラテラル・コミッション〔三極委員会＝日米欧委員会〕の報告でも、一定の民主主義的自由と資本主義の再構成とのあいだには一種の矛盾が存在するということを明瞭に指摘しています。

いま述べたことについて二点補足しておきたいと思うのですが、まず第一に、アメリカのネオリベラルの経済学者の幻想が文字通り幻想にすぎないということがいずれ明らかになるでしょう。近代における資本主義の発展は必ずしも民主主義の進歩や社会進歩に向かうとはかぎらないということです。

第二に、私が思うに、われわれは自由のための闘争についていただいている旧来の概念を再検討しなければならないということです。つまり、自由というのはブルジョア民主主義の問題であって、労働者階級の闘争や革命闘争にとっては根本的な目標ではないという考え方を考えなおす必要があるということです。法の擁護や司法の独立のためのたたかい、イタリアやフランスなどにおける無法な弾圧に抗するたたかいは、必要欠くべからざる根本的な任務になっているのです。

要するに、人権のためのたたかいは、ソ連や中国などの国々にとって重要であるばかりでなく、資本主義諸国の内部においても、きわめて重要なものであるということです。

粉川　あなたがおっしゃったヨーロッパとアメリカの資本主義の条件的相違を念頭においたうえで、分子的ファシズムの新たな形態はヨーロッパよりもアメリカで発展するとあなたはお思いになりますか?

ガタリ　まず私は分子的ファシズムという呼び方はしませんね。なぜならそれはモル的な構成になっているからです。むしろミクロ・ファシズムといった方がいいでしょう。それはともかく、現段階においては、このミクロ・ファシズムはアメリカよりもヨーロッパではるかに発展しています。

フランスやイタリアのような国の国家権力は、みずからに固有の手段によって強化されているだけでなくて、組合や左翼諸党派、あるいは社会保障制度や集団的施設、マスメディアといったような社会組織を、みずからの権力ゾーンのなかに取り込むことによっても強化されています。こうして、全体主義システムに近づいていきつつあるわけですが、それはソ連のような全体主義ではなくて、国家資本主義の新たな変異体といった方がいいでしょう。現在フランスにおいては、司法の独立が一掃されようとしています。また、テレビやラジオ、マスメディアの国家による信じがたいほどの植民地化が進行していて、じつに危険きわまりない状態です。アメリカではこのような段階には達していないように思われます。

粉川　そういった社会機構を使った支配については、まったく同感です。しかし、私がひっかかるのは、政府がなぜ警察力などを使ったハードな弾圧技術を使わねばならないのかということなのですが?

ガタリ　それは重要な質問ですね。私の見るところ、根本的な問題は、資本主義の現在の傾向のなかに、おそらくかつてはあまり見られなかった資本主義のある現実が現れてきているということでしょう。資本主義というのは、単に賃金制度を通して経済的価値や剰余価値を引き出す方式ではありません。資本主義は本質的にあるタイプの社会的分割や社会的差別を強化するために権力を引き出そうとするシステムなのです。賃金制度という経済的手段は資本主義の介入手段のひとつにすぎず、これ以外に、性差別、人種差別、年齢差別、知識や教養を所有している人とそうでない人との差別といったものを作動させる別の要素がたくさんあるのです。今日、資本主義は自動車生産や大規模工業を通じての剰余価値だけでなく、マスメディアによる生産、リビドーの造型や社会的「枠付け」のための施設による生産といったものに関心を寄せている。かつては資本主義はルノーの工場のような重工業にもっぱら関心があるのだと思われていたのですが、いまでは、マスメディアをはじめとする文化にかかわるあらゆるものに関心を示しているのです。

そうして、状況は悪化し、矛盾が深刻化しているのです。資本主義の問題はもはややより多くの労働力を引き出し搾取することではない。そういった点では問題は解決されてしまったのです。いまや問題は権力構成体によるコントロールの強化を保証することなのです。今日、矛盾は賃金の問題とか労働時間の問題、あるいはマルクス主義的な剰余価値理論からすれば労働力の搾取という問題などではない。日本やドイツやEUでは賃金を二倍にし、労働時間を二分の一にすることだって想像可能であり、そうしたからといって資本主義が死滅するわけではないでしょう。

真の問題は幾千万もの人間が飢えで死にかけているということであり、女性が抑圧的状況におかれているということであり、若者が未来に希望をもっていないということであり、このシステムが不条理であるということなのです。資本主義の真の問題はこれであり、これを忘れてはならないということです。真の問題は欲望の行き着く先を問うことであり、したがってわれわれにとっては分子革命の問題なのです。

分子革命とは

粉川　たいへん興味深い話ですね。その場合、あなたのいう資本主義の「枠付け」の基礎にあるのは家族主義であると考えていいのでしょうか?
ガタリ　それだけではありません。
粉川　しかし「枠付け」のいちばん有毒な基礎は家族主義ではないのでしょうか?
アメリカでは、私の知るかぎり、一種の家族解体現象が急速に進行しています。誰もそれをコントロールすることはできないのです。しかしながら、他方で、ある新しいコントロールの仕方が登場してきています。それはメディアやビデオやテレビです。この新たなコントロール技術がピンポイント・セグメント・マーケット・テクニックをフルに活用しているのです。

ガタリ　ピンポイント・セグメント・マーケット・テクニックって何なんですか？

粉川　よく知られたマーケティング・テクニックです。たとえば、ダイレクト・メイルですね。つまり、互いに面識のない人どうしが紙によって組織化されるわけです。家族の解体が急速に進行して、誰もそれをコントロールできなくても、一種のメディア・ファミリーが機能するわけです。こういった流れをどう説明したらいいのでしょうか？　われわれの抑圧された欲望を解放し、家族主義を克服するためにです……。アメリカのラディカルたちは、まさに家族構造を解体する同性愛者の運動にたいへん興味をもったりしているのですが……

ガタリ　もちろん、夫婦や家族や家庭生活などを改めて問題にすることはたいへん重要なことです。しかし、罠に落ちないように注意を払わなければならないでしょう。それ以外にも考慮すべき問題がたくさんあるのです。たとえば、一方に、私が個人の下部的構成要素と呼ぶもの、つまり身体、超自我、法、抑圧、個人的創造といったものにかかわる問題があります。そして、他方に、社会生活の全領域、教育、文化、音楽、スポーツといったものにかかわる個人の上部的構成要素の問題がありますす。これは全体的な現象なのです。アメリカ人は人によってはある奇跡的な解決をさがそうとしているように見うけられます。つまり超越的瞑想の実践ですね。また、家族内のコミュニケーションの改善を志向している人たちもいますね。どちらにしても一種の技術なのですが、実際には単にそうした部分的な技術の問題ではなくて、これは既存の分子的諸関係の総体的変革の問題だということです。そして、こうしたあらゆる領域において、資本主義は幻想を生産し回収する巨大な潜在力をもっていると思われます。私にとって、分子革命は、局地的でミクロな革命、ミクロな局地的解放のくわだてといったものの合計ではなくて、社会的領域の総体、主体化の様式の総体における無意識の形成をありのままに分析的に把握することなのです。

粉川　ちょっと突飛な質問かもしれませんが、あなたは家族にとって代わる性関係における集団モデルのようなものを何かお考えでしょうか？

ガタリ　いや、私には処方箋はありません。それは変革運動全体を背景として出現するものでしょうね。何かいいモデルを見つけたら変わるというふうなものではないと思います。一九世紀の終わりに、社会主義者たちは社会を変えるためにはまず人々を教育しなければならないと考えましたが、それは、そういうふうなまず人間関係から変えなければならないという考え方と同じ種類の幻想ですね。

アウトノミア運動

粉川　六八年五月の運動は、あなたによると、「多様な分子的欲望の接合による触媒作用が大きな力を発揮した」ということですが、七七年のイタリアのアウトノミア運動はどうなんでしょうか？　同様のことが起きたということなのでしょうか？

ガタリ　イタリアは十年ほど前から一種の巨大な社会的実験室なのです。そこでは資本主義のさまざまな方向や傾向が脈動しているのです。これまで社会の周辺にあったものが新たなコンテキストのなかにおかれて、その意味を完全に変えてしまいました。いま、イタリアでは、四百万人もの人々が闇労働に従事していますが、これがきわめて重要な経済的ファクターになっています。というのは、この不法労働がイタリアの輸出力を高めるファクターのひとつになっているからです。イタリアでは、労働に対する新しい態度が現れています。もちろん、これまでも、働きたくない人々、浮浪者や、社会に適応できなかったり社会の周辺に追いやられた人たちがいましたが、ここにきて、何十万もの若者が既存の労働形態を拒否するようになったのです。彼らは単に一定のタイプの生産だけでなくて、既存の生産関係や流通関係を拒絶し、さらには、労働力を誘導しようとする旧来の組合組織や政治組織といったものをも拒否するのです。六八年のフランスと七七年のイタリアのちがいは、フランスでは労働者階級がすぐにＣＧＴ[1]によって囲い込まれてしまったのに対して、イタリアでは、学生のみならず都市のさまざまに境遇の異なった若年労働者が、アウトノミアと呼ばれるこうした新しいタイプの組織をつくり、新しいタイプのものの見方、新たな社会的労働闘争の構造化をはかったということです。

粉川　アントニオ・ネグリはそういった流れからラディカルな社会変化の可能性を引き出そうとしたのでしょうか？

ガタリ　もちろんそうです。ネグリとは七九年の四月以来の友人なのですが、この場を借りて、アントニオ・ネグリの逮捕、投獄がいかに根拠のないものか訴えたいと思います。彼を拘束すべきいかなる証拠もないのですから、まったくひどいものです。彼の裁判だけでなく、いま投獄されているアウトノミアの同志たちの裁判もおそらくおこなわれることはないでしょう。ネグリは、ようやくいま検証されはじめている近年のイタリアの状況を、早くから明かにしようとした理論家のひとりにすぎないのです。それは、イタリアのＣＧＴにあたる共産党系の連中ですら認めていることです。

イタリアの自由ラジオ運動

粉川　昨年、ニューヨークで、イタリアの弾圧に反対する委員会が私の友人たちを中心としてつくられました。他の諸国でも同じような動きが起きています。しかし日本では、残念ながら、私の小さな記事以外にこの弾圧について報じられていません。イタリアの自由ラジオについてもあまり知られていません。あなたはどういういきさつでラジオ・アリチェ[2]と関係をもつようになったのですか？　これはあなたの分析や戦略と密接な関係があると思うのですが。

ガタリ　私は数年前からイタリアのさまざまなアウトノミアの潮流と関係をもって

います。それで当然ラジオ・アリチェとも接触があって、この自由ラジオのスタッフがボローニャで投獄されたとき、同志たちが私に救援を訴えかけてきたのです。この投獄はなんとイタリア共産党の要請にもとづいておこなわれたのですがね。ともかく、われわれは七七年九月に彼らの逮捕に抗議する大きな集会を開いたのです。五十万人以上もの若者がボローニャに集まったのですが、それがイタリア共産党の私に対する敵意をかきたてました。その後、われわれはフランスでも自由ラジオを開始し、それがきっかけで訴訟や警察とのいざこざが相次ぎました。しかし、この運動はいまでは大きくなっています。というのは、しばらくたってから、組合や政治党派が自由ラジオに関心をもちはじめたからです。なぜかというと、フランスでは、ラジオやテレビの独占がきわめて抑圧的な働きをしていたからです。いまや、百ほどのグループが電波の独占に抗して密かに放送を続けています。

粉川　そういったラジオ運動にあなたがコミットする理論的背景を教えていただけませんか?

ガタリ　まずいっておかねばならないことは、私が何かに参加するとき、必ずしもそこに理論的根拠を見つけようとはしないということです。つまり、なんとはなしに引きずり込まれてしまうわけです。しかし、いまは、ラジオのようなメディアを創設して大衆的に利用するということは根本的に重要なことだと思っています。青年や労働者やたたかう女性が直接管理するラジオは、活動家と大衆の新しいタイプのコンタクト、いままでよりもはるかに直接的なコンタクトを可能にします。私がいまコミットしている「ラジオ・パリ80」では、毎日何十回も電話がかかってきて、それを直接流しています。これは私のいう横断的コミュニケーションですね。なぜかというと、誰かがラジオで直接話すのを聞くということは、記事や書かれたものを伝達するのとはおおいにちがうからです。つまり、そこには単にメッセージの伝達だけではなくて、情動の伝達、別のタイプの記号作用があるのです。そういう意味で、ビデオや自由テレビの利用も、大きな手段になると思いますね。

影響を受けた思想家

粉川　あなたはフロイト以外にニーチェからの影響も受けていると考える人がたくさんいます。では、フッサールからはどうなんでしょうか？　フッサールは後期のメルロ＝ポンティに影響を与えていますね。

ガタリ　ジル・ドゥルーズはニーチェから大きな影響を受けていますね。しかし、私はそうではありません。ですが、メルロ゠ポンティからは数年間教えられました。私はメルロ゠ポンティには非常に影響を受けていますね。

粉川　それはたいへん興味深いことです。私もあなたとメルロ゠ポンティは関係があると感じていました。

ガタリ　私は影響関係というのをやたらと持ち出すことは好まないし、いらついたりもするのですが、いま話していて、ある種の研究スタイルに立ち返ってみることには意味があると思いなおしました。つまり、メルロ゠ポンティの研究スタイルは、構造主義の流行とかいろんな種類の還元主義によって失われてしまったのですが、メルロ゠ポンティの系譜のなかには、私が知覚の記号学と呼ぶものを理解するための大きな開かれた領域があると思うのです。いってみれば、民族学や人類学における現在の研究方向と結びついた開かれた領域ですね。こうした民族学や人類学の研究と知覚の記号学とが結びつく領域においては、私が機械状無意識と呼ぶものについての知識を豊富化していく方が、ラカン派の流れを汲む研究などよりもはるかに有効だと思います。私はとくに、私がリトルネロ[3]と名付けた時間や聴覚空間の構造化の様式や、顔をかたちづくる描線といったものに関心があります。リトルネロは私にとって民族学や人類学の研究とメルロ゠ポンティ式の研究スタイルとの交差する十字路なのです。

粉川　アドルノについてはどう思いますか？

ガタリ　それは簡単には説明できませんね。というのは、私はフランクフルト学派にはたいへん興味があるのですが、ドゥルーズと私が政治経済学とリビドー経済学との分離を越える方向で考えてきたのに対して、フランクフルト学派の連中は必ずしもそうではないからです。マルクーゼをふくめて、ひとりひとり別々に検討しなければならないでしょうが、私にはそれはできません。アドルノの美学的探究はすばらしいものだと思いますが、いまとくにアドルノにとりくむ用意はありません。

概念はある特殊な領域で機能する道具

粉川　あなたは機械にかかわる用語を好んで使いますよね。たとえば、《agencement》［配置＝配備］とか《rencontre》［遭遇＝接触］あるいは《segmentaire entre deux piéces》［二つの部品の節合］といったような。こうした用語は、主体／客体とか生産／再生産といった分離的思考に陥らないためにとても有効だと思われます。あなたはあなた独自の用語法や表現スタイルをどのようにしてつくりだしたのか、お聞かせいただけませんか？

ガタリ　われわれが日常使っていると同時に、われわれの著作を読む読者のなかにも存在していてほしいとわれわれが望むような概念システムの一定の機能の仕方がありますね。そこが肝心なところです。われわれにとって概念はけっして普遍的なカテゴリーではありません。そうではなくて、概念はある特殊な領域で機能する道具なのです。概念自体に科学性が内在しているなどということをわれわれは絶対に信じません。それは馬鹿げた考えだと思いますね。一例を挙げましょう。《déterritorialisation》［脱領土化］という発音しにくいフランス語があります。おそらく日本語でも発音しにくいでしょう。この概念は人類学や民族学のなかで出会った《territorialisation》［領土化］という言葉をもとにしています。それはアフリカの部族に見られる権力の領土化をめぐっての話のなかにおいてのことなのですが、われわれは逆にそうした権力の領土化が生じない政治システムに関心をいだいて、《déterritorialisation》という言葉をつくりだしたのです。すると、この言葉はただちに別の領域においても機能しはじめ、たとえば「脱領土化」した宗教とか「脱領土化」した感情というふうなことを言いうること、また、ある種の社会には「脱領土化」の一般的な動きが存在するということに気がついたのです。この概念が機能するなんらかの領域があれば——たとえばこの概念を引き継いだ造形芸術家がいるのですが——、この概念が一般的に受け入れられるかどうかはどうでもいいことなのです。かりに機能しなくても、われわれはいっこうに困ることもありません。また別のタイプの概念を使って探究していけばいいだけのことです。われわれはわれわれのつくりだす概念に普遍性があると主張する気はまったくありません。われわれにとっては弁証法とか抽象化といった概念は満足のいく仕方で機能しないものなので、この「脱領土化」という概念をつくりだしたのです。しかし、多分、ほかの人たちは弁証法とか抽象化といったようなもっと伝統的な概念で自分たちに満足のいく結果をえることもできるでしょう。機械という概念についても同じことがいえます。われわれは機械という言葉を技術機械という意味だけではなくて、理論機械、美学機械、社会機械、経済機械といった意味でも使えると考えたのです。そして、その延長上で、機械という言葉のさまざまな機能の仕方の一種の集約として欲望

（する）機械という言葉を発案するにいたったのです。似たような一例として、たとえば生物学者が遺伝子コードをあつかうさいにエンジニアリングという言葉を使っているということを指摘しておきましょう。

カフカについて

粉川　ジル・ドゥルーズとはどういうふうに協力しあってきたのですか？

ガタリ　彼とは六八年の直後に知り合ったので、二人ともちょうど実にとてつもない出来事を体験したところでした。で、この突然の出来事が何だったのかを全次元において理解しようと決心して、六九年にいっしょに仕事をしはじめたわけです。

粉川　協力関係はずっと続いてきたのですか？

ガタリ　そう思いますね。

粉川　ドゥルーズとあなたのどちらがカフカに対する関心が強いのでしょうか？

ガタリ　私はカフカはよく研究しましたね。私がもっとも興味を引かれたのは、カフカの作品の登場人物に見られる私が倒錯的な官僚的リビドーと呼ぶものと、それとは逆のまったく無分別で不条理な法の出現といったものとのあいだの奇妙としかいいようのない矛盾です。つまり、一方にはとてつもない官僚世界があり、他方には法もへったくれもない世界、闇取り引き、圧力や脅迫のシステムといったものが存在する（とくに『城』の登場人物に顕著）わけです。ところが、法が官僚世界の側に傾くかと思うと、たちまち根拠も何もないまったく超越的な信じがたい法が出現して、誰かがこう言ったりする――「窓から飛び降りろ」。すると、言われた方は飛び降りたりする。要するに、極端なマニピュレーションによって法がまったくないがしろにされる状態と、不条理きわまりない純然たる超越的な法の登場とのあいだに一種の連続的なつながりがあるのです。このことはわれわれの社会における欲望と法との関係のあり方を非常によく体現しているのではないかと思われます。カフカは現代社会の分子的無意識の根本的変化についての偉大な分析家であると私は思います。彼の分析はソ連体制やファシズム体制に行き着いたのはいかなるリビドー的変化のゆえであったかを解明することを可能にしてくれるのです。彼の作品はいってみればスキゾ分析であり、私にとってはまぎれもなくわれわれの社会の臨床的ドキュメントなのです。

訳注

（1）CGT　共産党系の労働組合。
（2）ラジオ・アリチェ　イタリアの代表的な自由ラジオ局のひとつ。
（3）リトルネロ　一種のリフレイン効果。くわしくはドゥルーズとの共著『千のプラトー』や遺著『カオスモーズ』（未邦訳）を参照。

Photo by 梶洋哉

メディアと横断性

一九八〇年一〇月二四日

粉川哲夫・インタビュー

杉村昌昭 訳

フランスのマスメディア

粉川　今日は、まず、現在のマスメディアをめぐる状況を自由ラジオ運動との関連でおたずねし、さらに「横断性」というあなたの発案した概念などについてもお聞きしたいと思います。日本では、マスメディアは国家よりもはるかに強く文化産業によって統制されています。しかし、奇妙なことに、文化産業の利害は国家の利害とけっして対立するものではなくて、むしろ両者は一致しているのです。ヨーロッパではどうでしょうか？　多分、日本とはまったくちがうと思われるのですが。

ガタリ　フランスでは、戦後、国家権力が多くの社会機構のなかで絶大な力をもってきました。たとえば、労働者と経営者の関係、文化やスポーツにかかわる組織など、あらゆる領域でそうだったのです。したがって、この国家権力優先のイデオロギーは残念なことに左翼勢力、左翼の政党や組合によってもつねに支持されてきました。ですから、国家から本当に独立している団体や協会といったものはほとんどなくて、すべての分野でたいがいは国家のコントロールの下におかれてきたのです。それは国家による直接的管理の場合もあれば、財政的に依拠していたり、陰に陽に国家権力の影響を受けるといったように、さまざまですが、とりわけジスカールデスタンの登場[1]によってその反動的影響が顕著になっています。政府は、現在、大学、大新聞社、ラジオ、テレビといった分野をはじめとして、いたるところに政府の紐つきの人間を送り込んでいます。

粉川　民間のラジオ局やテレビ局はないのでしょうか？

ガタリ　禁止されているんですよ。

粉川　フランスのラジオやテレビは公然と検閲されているのでしょうか。それとも、アメリカのように暗黙の仕方でおこなわれているのでしょうか？

ガタリ　まったく欺瞞的なメカニズムが働いているのです。つまり、ラジオ局やテレビ局は法的には独立しているのですが、実際には、政府が局の幹部を任命して財政をコントロールしているのです。この問題について、とくに六八年以降、いろいろな人やグループが考えてきた結論は、こうしたマスメディアに対する権力の支配があるかぎり、社会闘争は前進することができないだろうということです。なぜなら、国家権力によるマスメディアのコントロールは諸個人のイデオロギーに影響を与えるばかりか、もっとも奥深いもっとも無意識的な心的メカニズムにも作用するからです。それは一種の集合的条件づけのエントロピーなのです。

粉川　そうだとすると、フランスの文化産業はどうなっているのでしょうか？

ガタリ　状況は複雑です。というのは、左翼勢力がこういったシステムの犠牲者であると同時に共謀者でもあるからです。たとえば左翼の指導者は最重要のメディアであるテレビにほとんど登場することができない。だから左翼は犠牲者であるといえるのですが、その同じ左翼が共謀者でもあるのです。なぜなら、左翼のイデオロギーはメディアに対する独占の原理の支持に通じているからです。この点について、ひとつのパラドックスをお話しましょう。私が参加している活動家グループが自由ラジオをつくったとき、最終的に左翼の諸党派や組合の支持をえることができたのですが、ただし彼らはこう言ったのです。「あなた方を支持はするけれども、われわれはメディアの独占には賛成である。いまは独占の仕方に問題があるだけのことで、だからといってわれわれは自由ラジオに賛成であるわけではない。」要するに、メディアの問題はメディアによる人々のイデオロギーや精神のマニピュレーションの問題であるだけではなくて、国家とは何かという国家概念にかかわる政治的な問題でもあるのです。私の見るところ、左翼は思想的にも実践的にも社会の新たな条件に立ち向かう能力に欠けていて、直接的な物質的要求つまり賃金とか既存の諸制度の政治的コントロールといった方向ばかりに関心を向け続けているのです。しかし社会の状況も人々の希望も変化したのであり、多くの分野で左翼や組合は結局保守的な立場をとることになっているのです。とにかく左翼は、右翼権力や既存のテクノクラート権力に取って代わりうるような信頼のおけるオルタナティブを打ち立てることができないでいるのです。これは三年前の国民議会選挙における左翼の敗北のときから明かになっていることです。

自由ラジオとの関わり

粉川　国家の介入に反対する自由ラジオに関して、左翼があいまいな機能しか果たしえないでいることはよくわかりました。そういった状況のなかで、あなたはどのようにして自由ラジオの運動とかかわりはじめたのですか？

ガタリ　私はしばらく前からイタリアのアウトノミアの友人たちとコンタクトがあって、彼らを通して自由ラジオが社会闘争の刷新手段のひとつとして重要であることを理解するようになったのです。自由ラジオは諸個人と表現手段とのきわめて直接的な関係を打ち立てることができるのです。それは他の手段に比べて格段に直接的な表現手段となりうるのです。

粉川　それはボローニャではじまったラジオ・アリチェのあとのことですか？

ガタリ　そうですね。フランスの自由ラジオは七八〜七九年にはじまりました。フランスの自由ラジオはラジオ放送の中身がどうのこうのというよりも、むしろひとつの運動なのです。つまり、海賊放送という行為を広げていこうという意見運動といったらいいでしょうか。それはさまざまな異なった手段を使った一連の運動としてはじまりました。まず、一定の場所に開局して恒常的な放送を開始したのですが、これは警察の介入をまねきました。たとえば「ラジオ・パリ80」がそうですね。それに対して、数人の人間だけでする小さな局がたくさんつくられます。なかには放送局などといえないしろものもありました。つまり、コンサートや政治集会をやっている人たち自身がその場から発信して様子を伝えるというものですね。いまは市民バンドの運動が台頭してきています。したがって、非常に多様な行動形態があるわけです。われわれの関心は単に大きな局を開設して認知させるということではなくて、ラジオだけでなくビデオやテレビまでもふくめてすべての手段を人々の新たな表現手段として使えるようにしようということです。このことが政府のみならず組合などをも不安にさせているのです。だから、政府は、いまや、ローカルな局を認可しようという——ただし地域の名士や責任者がコントロールするという条件つきで——妥協案を考えてもいるのです。しかし、イタリアで七七年の出来事があってから、自由ラジオは一種の社会的ダイナマイトであると権力は考えているのです。ラジオは一表現手段にすぎないのだから、これはまったく馬鹿げた考えですがね。ラジオは現実にどんな社会グループと関係をもつかによって進歩的にも退歩的にもなりうるのです。結局、ラジオの技術的革新、発信手段の極小化といったものは、たとえば再生産手段の変化にたとえることができるのではないでしょうか。つまり、革命的なのは手段そのものではなくて、問題はこの手段を社会グループがどう利用するかなのです。そう考えれば、この手段の使用の自由化を要求することはまったく正当なことだと思われます。複写機やフォトコピーの使用を禁じているのはソ連くらいのものです。電波使用の自由化は飛行機との通信や救急車を攪乱するとか言って、われわれに反論する連中がいますが、それはインチキな議論ですよ。まず第一に、われわれが要求しているのは射程距離のそんなに長くない到達範囲の小さい発信手段であるということ、第二に、われわれは自由ラジオの連合に敵対するものではないし、政治的・制度的なコントロールではない技術的コントロールなら受け入れる用意があるということです。

粉川　文化産業をスポンサーにするということについてはどうお考えでしょうか？

ガタリ　状況はたいへんあいまいですね。というのは、たとえばレコード会社や大きな広告代理店などがラジオの自由化に与しているように見えるのは、そこに巨大な利益を見込むことができるからでしょう。ですから、私が参加している自由ラジオは非営利的自由ラジオの連合体を唱えているのです。広告をどうこうするというような話は別問題です。われわれは広告を使ってラジオの財政をまかなおうとは望んでいません。もし番組内容が気に入ったらすすんでお金を送ってくれるような聴取者とともに、ラジオの財政をまかなうようにしたいとわれわれは考えているのです。

粉川　いまは、すべて非合法なわけですね。アメリカで実際に存在しているようなかたちですね。

ガタリ　もちろんそうです。私はいくつも訴訟をかかえているし、ラジオ技術者である私の息子は訴訟だけでなく、機材の差し押さえもくらっています。絶えず警察につけまわされて、逮捕、差し押さえ、罰金といった弾圧に見舞われているのです。
粉川　いま機能している局はありますか？
ガタリ　「ラジオ・パリ80」が活動しています。
粉川　何時間くらいやっているのですか？
ガタリ　場合によりけりですね。バカンス中は止めましたが、だいたい日に十時間ほどやっています。
粉川　どんな番組をやっているのか教えてもらえませんか？
ガタリ　繰り返しますが、私は私が関係しているラジオについてしか話せません。多種多様なのですよ。たとえば、夜遅くからはじめて一晩中音楽を流しているだけのラジオがあります。こういったのが百以上ありますね。
粉川　アメリカでは多くの学校や大学が自分たち自身のラジオ局をもっていますが、ただしそれらはみな体制に刃向かうようなものではありません。
ガタリ　フランスで自由ラジオが反体制的になっているのは、国家権力による不条理なまでの独占に抗するためです。自由ラジオにかかわっている人々は必ずしも体制に対して反逆的な人たちではありません。市民バンドをコントロールしようとする巨大な国家権力と衝突しただけのことです。これはテープレコーダーやコピーの機械をコントロールしようとするのと同じことで、まったく馬鹿げたことです。自由ラジオそのものは革命的なものでもなんでもありません。問題を生じさせているのは矛盾にほかならないのです。

粉川　「ラジオ・パリ80」ではどんな番組をやっているのでしょうか?

ガタリ　オルタナティブ運動のグループについての情報を流したり、人々が局に電話をかけてきて話す内容を直接流したりしています。たとえば、われわれは情報の流通のための特別の社会的なプレス・ネットワークをもっていません。オルタナティブなプレス・ネットワークをくろうとすればつくれるのですがね。だから、そのかわりに局に電話してくる人たちと直接議論するわけです。それから、番組としては、各種の集会や音楽グループを直接ルポしたものがたくさんあります。いろいろなグループからカセット・テープや録音がわれわれのところに届けられると、それを直接流すことにしています。ラジオ・アリチェの創設者のひとりであったイタリアの友人が自由ラジオのよさをこういっています——たとえばラジオのスイッチをひねると奇妙な音が聞こえてきたりする。マイクを落とした音なわけです。で、そのあと言い争う声が聞こえてきたりもする。で、そのラジオを聞いている者は、あ、これは自由ラジオだぞ、と思う。ここが重要なのです。つまり、自由ラジオから聞こえてくるのは決まりきった声や音とは全然ちがうわけです。言語的な訓練をおこなった連中とはちがうのです。これが一種の覚醒に通じるのです。つまり、ラジオは誰でもできるぞ、自分でもできるぞ、自分もラジオでしゃべることができるぞ、ラジオでしゃべるのに有名人である必要はないぞ、という考えを触発するのです。

粉川　あなたはスキゾ分析についてもラジオでしゃべりましたか?

ガタリ　それをテーマにしてしゃべるということはないですね。しかし、私はラジオという現象そのものがマスメディアのスキゾ分析のようなものだと考えているのです。つまり、スキゾ分析について講演するにはおよばないのであって、自由ラジオをやりさえすればいいのですよ。

粉川　とはいっても、あなたの理論についてラジオでしゃべるということはないんですか?

ガタリ　いや、ありませんね。

自由ラジオは多様な言葉の特性の表現

粉川 一般的にいって、従来のマスメディアの基本的機能というのはすべてを集中して同質化するということですね。自由ラジオの運動にはそれとは異なったどういう機能があるのでしょうか？　たとえば、非集中化とか多様化ということでしょうか？　そのへんのところを理論的に説明していただけますか？

ガタリ 自由ラジオの問題は単なる情報の民主化をはるかに越えるものをふくんでいます。私とドゥルーズは欲望の「動的編成」（agencement）の次元においてはいわゆる国語は存在しないと考えています。われわれは国語という概念を問題に付しているのです。国語はつねに国家権力の形成に対応しています。しかし、われわれは、実際には、多様な動的編成、つまりさまざまな記号化をおこなわねばならないのであり、たくさんの異なった言語、少数言語といったものを日常的に話しているのですよ。子どもたち同士が話している言葉は子どもが親と話している言葉とはちがいます。また、家庭で話している言葉は仕事場で話している言葉とちがいますし、郊外で話されている言葉は大学で話されている言葉とちがいます。さらにいうなら、テレビで話されている言葉は日常生活で話されている言葉と同じではないし、愛をささやく言葉は文学言語とはちがいます。

辞書や学校や公的メディアなどは、言語はひとつであるということ、すべての言葉は一般言語に翻訳可能であるというふうに信じ込ませようとしています。しかし、たとえばアメリカの言語学者たちが黒人英語は通常のアメリカ英語とは異なるということと証明しています。また言語学者のなかには女性の話す言語は男性の話す言語と必ずしも同じではないという説を唱える人もいます。そこで、メディアの話にもどるのですが、こうしたさまざまな言葉の特性を押しつぶすのではなくて、逆にそれを自由に表出させることのできる代替メディアを考えることができるわけです。大事なのは、そういったさまざまなちがいを尊重し、さまざまに異なった言語に対応する欲望の特異性に表現手段を与えるということです。したがって、マスメディアは二つの方向に向かいうるのです。ひとつは、すべての人を同じ言語によって統合し、粉砕し、一様化し、同じ感情や行動に導いていく方向。もうひとつは、言語とは何か、行動とは何か、ある集団に特有の欲望とは何か、子ども、同性愛者、詩人、学者といったような集団はどのように生きているのか、といったような問題を感じ取らせる手助けをするという方向。要するに欲望の特異性を伝えるということですね。

粉川　あなたがいまおっしゃったことは現代都市の変化にかかわる問題でもあると思います。フランスでは文化や言語などをめぐる領域で都市と田舎のちがいはどうなっているのでしょうか？　自由ラジオは都市でも田舎でも影響を及ぼしているのでしょうか？

ガタリ　田舎は関係ないですね。そもそも田舎というものはもうないんですよ。つまり田舎は都市によって完全に植民地化されているのです。重要なのは中心としてのパリと地方との関係です。自由ラジオはパリに集中した政治的・文化的表現の力、いわばパリ帝国主義とたたかうのにたいへん重要な武器なのです。そういうこともあって、自由ラジオの運動はとくに地方で発展したのです。私がずいぶん前から参加してきた政治的・文化的集会において、いつも誰かがこういうのを耳にしてきました——「だけど、地方じゃパリとちがって、自分の意見をいう機会なんてないんだよ」。つまり自由ラジオはこうしたパリ中心の中央集権主義から身を解き放つ手段でありうるのです。

粉川　大組織に依拠したマスメディアの影響について考えてみたいと思います。大きなメディアはいっさいの体制転覆的な伝統とか多様な民衆文化といったものを均質化してしまいますね。あなたがたの運動はそういった反体制的な伝統を蘇らせ、再活性化することができると思いますか？

ガタリ　そう思いますね。たとえばアルザスにある自由ラジオはフランス語、ドイツ語、アルザス語で発信しています。コルシカやブルターニュでも同じことが起きています。われわれはこうした方向をさらに追求したいと考えています。弾圧はきついですけどね。移民労働者のためにラジオ局をつくるのがわれわれの目下の目標です。

欲望の価値と機械状の価値

粉川　ジル・ドゥルーズが一九七六年に『カイエ・デュ・シネマ』のインタビューを受けたとき（十一月号）、ゴダールとあなたのことをもちだしていますね。ドゥルーズはおおよそこんなふうにいっています――ゴダールは観客がお金を払う現在の映画システムを批判している。観客が製作者からお金を支払われるべきなのだというのだ。そこで、ドゥルーズはあなたのことをもちだして、あなたがすでに同じようなことをいっている、つまり精神分析家はお金を自分の患者に支払うべきである、といっていると指摘していますね。

ガタリ　かつてお金と精神分析をめぐる諸問題をとりあげたフロイト派のある会議で、私は、精神分析家だけでなく患者も同様に作業をするのだから、両者ともお金を支払われねばならないのではないかと、冗談にまじりいったのです。しかし、議長がただちに話をさえぎってしまいましたがね。

粉川　それはとても重要なポイントだと思われるのですが？

ガタリ　そう、重要な点ですね。西側だけでなく東側もふくめて私が「資本主義的」と呼ぶわれわれが生きている社会は、おしなべてある一定のタイプの生産しか価値化しないのです。交換価値と使用価値というマルクス主義的な対概念でわかったようなつもりになっていてはいけないと思います。私はそこに二つの異なったタイプの価値、つまり欲望の価値と私が機械状の価値と呼ぶものを導入して、交換価値はこの欲望の価値と機械状の価値に接合されるものでもあるということを理解しなければならないと思います。

機械状の価値というのは創造の価値、発明の価値です。今日、技術革新、科学的方程式といったものは、それらが生産過程のなかでただちに有用なものでないかぎり、交換価値のレジスターのなかに組み込まれることはありません。しかし、交換価値に直接組み込まれなくても資金援助に値する美的価値や科学的価値も存在するのです。機械状の価値や欲望の価値といったものは、女性の家事労働、子どもの学校での勉強などを使用価値とみなすべきなのと同様の意味で交換価値のなかに挿入されるべきものでしょう。こういうふうにいうと、いささかユートピア的なヴィジョンと思われるかもしれませんが、これはわれわれに資本主義的価値化の様式とは何かを理解し、それを批判することを可能にしてくれるものなのです。問題は労働の社会的分業がどこに行き着くかということです。労働の社会的分業はつねに資本主義の価値に向かって収斂していきます。しかし、それが日常生活、環境の整備、欲望の価値に与えられた可能性、創造の価値といったようなまったく別の社会的到達点に向かって収斂していくことを想像することもできるのです。資本主義は生産された商品の希少性にもとづくヒエラルキーのシステム、社会的差別のシステムをつくりだしました。しかし、機械状の価値というものは必ずしも商品の希少性に依存するものではありません。したがって、人間の活動が希少性の経済価値に支配されないような社会を想像することもできるのです。それこそが私が分子革命の展望と呼ぶものであり、要するにそれは労働の社会的究極目標を変えることなのです。生産機械が希少性をなくすほど十分に発展すれば、それは可能になるのです。ところが、資本主義は希少性を維持しつづけ、地球上に飢えをもたらしているのです。資本主義は希少性を人工的に生産しているのです。資本主義がみずからを維持するために希少性を生産するというまったく馬鹿げたことがまかり通っているのです。たとえば大学です。全員が大学で勉強できないわけです。なぜなのか？　あるいは表現手段やメディアにおける希少性もあります。スターやスポーツ選手だけが登場する。なぜなのか？

ビデオ、そして映画について

粉川　あなたは映画にもコミットしているとおっしゃいましたね。脚本をお書きになったことはあるんですか？

ガタリ　私は友人とビデオをつくっています。最近、パリのビエンナーレに出品するためにビデオ映画をつくりました。小さくて操作しやすいビデオ・カメラを使ってです。カラー・ビデオも実験しました。監督はフランソワ・パンという友人ですが、彼は無実の罪で四カ月半投獄されました。ひどい弾圧です。われわれはイタリアの友人たちを支援しただけなのですが、グループ全体が弾圧されて、彼はいわば私の身代わりになって拘束されたのです。私も家宅捜索を受けたり警察とトラブル続きでしたが、それはトニ・ネグリなどイタリアの友人に対する弾圧に抗議したからです……

粉川　そのビデオの内容を簡単に紹介していただけませんか?

ガタリ　簡単な物語ですよ。妻と喧嘩をして家を飛び出した男の話です。で、その男は階段を駆け降りて門番に何か言ったあと、いろんな商店をさまよい歩くのです。そうしているうちに、世界の知覚の仕方に変化が生じて、彼は大きな心理的危機に見舞われる。その結果、彼は社会の周辺で生きる人々と接触し、あるアウトノミアのグループに出会うのです。始めのうち、彼は人が宣伝ばかりしていると思い、商人の言うことを何か脅迫のように感じる。パラノイアの初期症状に似ています。それから、彼は商人たちとはまるでちがって、彼の注意を引きつけようとはしないさまざまな人々と出会います。で、彼は、空き家占拠の運動で彼らと結びついていくことになる。ここまでが第一部です。第二部ではこのアウトノミアのグループについて展開したいと考えているところです。

粉川　そのビデオのスタイルというのはどんな感じですか？

ガタリ　とても特殊なスタイルですよ。カメラがおのおのの状況を非常に躍動的にとらえてくれるのです。大写しもたくさんあります。フランソワ・パンの技術は、古典的な手法では把握できないような人々の振舞や場の雰囲気を実に的確にとらえています。動きや表情が斬新な仕方で表現されているのです。

粉川　あなたはジャン＝リュック・ゴダールと協力関係にあるのでしょうか？

ガタリ　彼とは知り合いですが、直接の協力関係にはありません。

粉川　ところで、彼はいまもラディカルなのでしょうか？

ガタリ　ちょっと意地悪い言い方をするなら、彼はラディカルな運動に参加したということですね。

粉川　いまもでしょうか？

ガタリ　ノーコメントですね。判断するのは簡単ではありません。私は道徳的判断はしないのです。人はある時期大きな役割をはたしますが、別の時期には自分の軌道に閉じ込もったりもするのです。私はそういったことに対して裁いたり、説教したりするたちではないのです。

粉川　あなたは自由ラジオの運動にコミットし続けるおつもりですか?

ガタリ　もちろんです。われわれは以前は小グループだったのですが、いまでは、社会党やさまざまな左翼的運動、CGT[2]までもが自由ラジオを擁護しはじめています。ただCGTはラジオ・ロンウィ[3]という自由ラジオを閉鎖させましたがね。恐くなったのですよ。とこかく、自由ラジオ現象は全国的な問題になったのです。ロンウィでは製鉄所の閉鎖に反対する大きな労働争議が起きました。で、一年半にわたって労働者が自由ラジオ放送をおこなったのですが、それは他の組合やグループにも開かれたラジオでした。それがCGTの指導部の気に入らなかったのです。こういう場合、まったくいつも同じ結末にいたるのです。国家的中央集権主義の思想がいたるところにあって、組織のなかで機能しているのです。

粉川　それはいつ起きたことですか?

ガタリ　七八年のことです。

訳注

（1）ジスカールデスタンの登場　ジスカールは一九七四に大統領に選出された。

（2）CGT　共産党系の労働組合。

（3）ロンウィ　ベルギーとの国境地帯にあるフランスの小都市。

Photo by 広瀬一美

政治と精神分析をめぐって

一九八〇年一〇月十八日

粉川哲夫・インタビュー

杉村昌昭 訳

ミッテラン政権の登場

粉川　まず最初に、フランスの現状についての分析をお聞かせください。新しい政府に代わりましたよね。

ガタリ　まったく予想だにしなかった状況ですね。これはけっしていいすぎではないと思います。というのは、ドゴール将軍以来、ポンピドゥー大統領、とくにジスカールデスタン以降というもの、いま到来したような状況を不可能にするためのあらゆる画策がなされてきたからです。憲法から見ても、議会の機能の改革という点から見ても、マスメディアの操作という観点から見ても、フランスでこのような「交替」が起こりえないためにあらゆることがなされてきたのですから。フランスの状況をよく知らない人にとっては、こうしたメカニズムを理解することはむずかしいかもしれません。というのは、たとえばイタリアで社会党の大統領とキリスト教民主党の大統領が入れ代わるとか、英国で保守党と労働党の政権が入れ代わるとか、あるいはアメリカ合衆国で民主党と共和党が入れ代わるといったような習慣があたりまえだとみなされているからです。第五共和制(1)以前には、一種偶発的とはいえ、左翼が政権の座に着くという可能性が存在していました。しかし、そういう事態が到来すると、その反動として、銀行などを中心として経済危機が演出されて、数ヶ月後には左翼政権は危機に陥らされたものです。これが昔のフランスにおける「交替劇」です。しかし、それでも、こういったわずかな「交替劇」がレオン・ブルム(2)を一年間政権の座に着かせたり、第二次大戦後社会党が数年間政権の座に着くということも可能にしたのです。ところが、この程度の政権交替でもブルジョアジーにとっては脅威的なものとみなされてきたのです。フランスのブルジョアジーは人民戦線を悪夢として記憶し続け、民主主義的・人民主義的な方向を望まなかったので、それを妨害するためにあらゆる手段を駆使してきたのです。しかし、ここにいたって、ブルジョアジーがつくりあげてきた武器が彼らにむかって反転したのです。しかも五カ月や六カ月の脆弱な社会党政権ではありません。七年間の社会党政権が保証され、ブルジョアジーが支配の強化のためにつくりだしたすべての手段が左翼の掌中に転がり込んだのです。これはまったく前代未聞の状況であり、正直いって、私は最後の瞬間まで信じることができなかったくらいです。

ミッテラン政権に展望はあるか

粉川　フランスの左翼にとってはたしかにいい出来事ですね。しかし、将来的にはどういった展望があるのでしょうか？

ガタリ　たいへん複雑ですね。まず第一に、左翼は解体して存在していないと考えねばなりません。もちろん議会レベルでは存在していますが、活動家のレベル、大衆レベルなど本当に大事なレベルでは、左翼と極左翼は組合加入者の急激な低下などによって摩滅しているのです。それに青年層の非政治化は目をおおうばかりです。ですから、左翼が権力の座に着いたのは本当に偶発的なことなのです。これは歴史的な事故みたいなものですが、しかし歴史がしばしばこのような偶発事によってつくられることも事実として認めなければならないでしょう。歴史というのは何か崇高なる計画にそって展開されるものではなくて、偶然の出来事によってもつくられるものなのです。したがって、初期段階で、ミッテランの政府がすばらしい成果を挙げるなどとはまったく考えていません。政府はとりあえずもっとも差し迫った権利要求に好意的な措置をとっていくでしょう。しかし、経済的危機や社会紛争を乗り切るには相当の困難に直面すると思います。共産党はここ数年あらゆる社会問題とくに移民労働者の問題について恥ずべき行動をとってきました。共産党は大衆の信頼だけでなく、選挙母体の多くをも失っています。他方、社会党は互いにずいぶん立場が異なるたくさんの分派に分かれています。したがって、この政権獲得が数ヵ月しか続かない性質のものであるとするなら、挫折は目に見えています。しかし、この状況は数年間続くことを保証されているのですから［大統領職の任期が七年であることを示唆］、その間に左翼がそっくり再構築されることになるかもしれないのです。ですから、これは左翼政権あるいはミッテランにとってではなく、これから出現するであろう——そして一種の新しい左翼の創設に行き着いてほしいと私が期待する——一連の矛盾をはらんだ運動にとって絶好のチャンスなのです。革命的左翼の出現も可能ではないかと私は待望しているのです。

粉川　私はこうした状況が逆にフランスの右派勢力を活気づけるのではないかと心配するのですが。今度のフランスの状況はヨーロッパ共同体のなかではたいへん特殊で孤立したものですね。内部と外部から挟撃されて排除されてしまう恐れはないのでしょうか？

ガタリ　先のことを予想するのはとてもむずかしいですね。けれども、私の見るところでは、今後六ヵ月は左翼がぐんぐん力を発揮するために、右派の方は防衛的になるでしょうね。経済的サボタージュなんかをするのではないかと思います。しかし、半年を過ぎたら何が起こるのかまったく予測がつきません。おそらく次の二つのうちのどちらかでしょう。まず、ミッテランの政府がフランス社会に真の変化をもたらすかもしれない。その場合には左翼にとって前例のないような状況が生じると思われますが、同時に右派のブルジョアジーの抵抗も強くなり、一種の革命的状況が到来するでしょう。もうひとつのもっとありそうな方向は、ミッテランが中道派と同盟を結んで、フランス社会が本質的に何も変わらないという事態です。その場合には、労働者の不満がつのり、幻滅が生じて、結局のところドイツと少し似通った状況になるでしょうね。つまり社会民主主義がしだいに権威を高めて、体制に刃向かうのがますます困難になるということです。と同時に、社会民主主義と中道主義の新たなタイプの同盟が出現するでしょう。そうなると、フランス社会党がドイツ型の社会民主主義あるいはイギリス労働党型の社会民主主義の政党に変容するでしょうね。この二つのシナリオ以外にもいろいろとあるでしょうが、私は歴史を手相を見て占うように予言するわけにはいきません。

粉川　私はいまイタリアにおけるユーロコミュニズムの行く末のことを考えていたのですが、これは崩壊の危機に瀕しているのではないでしょうか？

ガタリ　それについては、そもそもユーロコミュニズムなるものが存在しないのですよ。なぜかというと、ヨーロッパの共産党は互いに非常に異なっているからです。ですから、このユーロコミュニズムという言い方自体がもう終わっていると思います。それはそれとして、イタリア共産党ですが、この党は社会民主主義の党になっているのです。その点でフランス共産党とはたいへん異なった党です。フランス共産党はかつてにもましてスターリン主義的色彩の濃厚な党なので、イタリアとフランスを比較するのはたいへんむずかしいですね。しかし、だからといって、イタリアとフランスのあいだに共通の経済的諸問題が存在することを否定するわけではありません。とくに、保証されざる労働つまり闇労働の増大、周辺的労働の拡大、伝統的な労働過程から逸脱した民衆の広がりといった問題はフランスにも同様に存在しているのです。しかし、フランスとイタリアでは、政治的上部構造がまったくちがっているのです。たとえば、フランスには中道主義勢力が伝統的に存在していますが、イタリアには存在しません。労働運動についても同様のことがいえるでしょう。

ネグリとアウトノミアへの弾圧

粉川　アントニオ・ネグリはどういう状態にありますか？

ガタリ　彼にこの前会いに行ったのですが、状況は最悪ですね。トラニ(3)の蜂起に彼は関与していないのに、その件でひどい弾圧を受け、文書類は全部引き裂かれたということです。自分は人質のようなものだと彼は言っていました。イタリアのブルジョアジーはアウトノミアに復讐をしたいがために、彼を長期にわたって拘留しようとしているのです。彼に対する嫌疑はまったく支離滅裂なもので、いかなる根拠もないものです。まったくとんでもないスキャンダルですよ。これに比べたらドレフュス事件なんて冗談みたいなものですよ。いま現在、イタリアでは三千人の活動家が劣悪な状態で獄につながれています。このままいけば、アイルランドと同じような状態がイタリアの獄中に出現するでしょう。この機会を利用してイタリアの活動家との連帯を読者のみなさんに訴えたいと思います。というのも、日本の読者のみなさんは金大中事件をよくご存知のはずだからです。韓国の問題だけでなく、イタリアにおけるこの耐え難い状態、民主主義と司法の蹂躙に対する抗議の声も挙げてほしいと思います。

粉川 ヨーロッパでは、ネグリとアウトノミアの活動家の弾圧に抗議する運動があるのでしょうか?

ガタリ 最近、ロンドンでイタリアの状況についての大きな集会がおこなわれました。いま、アムネスティ・インターナショナルと接触しています。運動はだんだん大きくなっていますが、あらゆる手段を駆使してイタリアの同志たちを獄中から解放しなければなりません。彼らの多くはブルジョア司法の観点から見ても無実なのですよ。最近、特赦の問題がもちあがっていますが、それは、「赤い旅団」の武装闘争と国家権力の弾圧がこのままエスカレートしていけば、彼らは半永久的に獄中から出られなくなるかもしれないからです。まったく出口なき悪循環です。

フランスの変貌と知識人の不毛

粉川 この数年のあいだに、サルトル、バルト、プーランザスなどすぐれた知識人が世を去りましたね。アルチュセールは死んだも同然の状態です。私は左翼を喪失した感じがするのですが、あなたはどうでしょうか?

ガタリ　あなたが挙げた名前は文化的な観点からはたしかにきわめて重要な人々です。しかし、フランスの政治的変化という観点から見たら、他の知識人同様それほど重要な存在ではなかったのです。というのも、権力は知識人の介入の可能性を徹底的になくそうとしてきたからです。たとえば、サルトルですが、彼は他の左翼知識人同様にテレビで自分の意見を言うことはできませんでした。サルトルは死ぬ二年前にテレビ放送用の番組を企画しましたが、政府がそれを許しませんでした。ベルナール・アンリ＝レヴィを始めとする私が嫌悪する「新哲学派」の連中はそういう流れに一役買ったのです。彼らは右派の台頭に同調してきわめて抑止的な役割を演じてきました。しかし、ジャン＝ピエール・ファーユ(4)やジル・ドゥルーズなどの知識人——私もですが——は、権威主義的な体制に抵抗しようとする新たな闘争形態にコミットしようとしてきたのです。われわれはイタリアやスペインの活動家への迫害に反対する闘争を活発に展開したり、亡命の権利を擁護するたたかいに取り組んだりしてきました。また、司法制度を改悪したペルフィット法(5)に反対するたたかいもおこなってきました——この悪法はミッテランが廃棄しなければならないでしょう。さらに、われわれは自由ラジオの擁護のたたかいの過程で多くの訴訟をかかえたりもしています。つけくわえるなら、フランス共産党やＣＧＴが支持する移民労働者の追放政策にも反対してきました。といっても、それほど華々しい行動というわけでもなくて、ミュチュアリテ公会堂(6)で大集会をするという程度のことですがね。テレビに出演するということもありません。しかし、なにか新しい表現形態を見つけようと地味な活動を続けているのですよ。そんなわけで、あなたがが引き合いにだした知識人たちは、もうずいぶん前から社会的現実とは関係のない存在になっていたのです。

粉川　アルチュセールは一種の「公害」だと言う人たちがいますよね。

ガタリ　そんなことを言うのは恥ずべきことですよ。そんなことを言う人の方がとんでもない連中なのです。アルチュセールの陥った状態はどう考えていいのかとてもむずかしいものです。私の職業的立場からすると、われわれの誰しもが彼が陥ったような状態に陥る可能性があるということです。ですから、彼のことをそんなふうに言うのはまったく愚劣かとしかいいようがありません。

『リベラシオン』の危機

粉川　『リベラシオン』で最近起きた紛争をどうご覧になりますか？

ガタリ　セルジュ・ジュリー(7)は大昔から知っているし、『リベラシオン』のジャーナリストもほとんどみんな知っています。私はこの新聞としょっちゅう見解を異にしてきましたが、にもかかわらずこの新聞はフランスの社会運動のなかで重要な位置を占めていると思います。愚劣な意見をのせたり、「社会的なものや政治は終焉した、まだ活動家やってるの？」というようなボードリヤール流の敗北主義的方針をとってきたのですが、にもかかわらず役にもたってきたのです。いろんな人や事柄をむすびつける道具として重要だったわけですね。その『リベラシオン』に大きな危機がおとずれて、たいへん野心的な紙面刷新がおこなわれようとしているわけです。四〇ページほどに増量しようとしているようですね。セルジュ・ジュリーの理想は週刊誌のような日刊紙をつくることなんですね。それはなかなかむずかしいことではあると思いますね。お金がすごくかかるし、人員も大量にいるでしょうからね。で、こういう転換に見切りをつけてやめた者がたくさんいるわけですが、残った者もがっくりきているという状態でしょう。まあ、私としては、『リベラシオン』は続いてほしいと切に願っています。左翼の勝利という状況を受けて、新しいエネルギーや新しい思想が生まれてくることを期待しているわけです。いささか楽観的な考えかもしれませんがね。

粉川　『リベラシオン』の最新号で、セルジュ・ジュリーはサルトルの表現を利用しながら「『リベラシオン』のスタッフはもはや融合集団ではない」と述べていますね。私は、日本もふくめた先進資本主義諸国におけるラディカルな組織一般について、これと同じことがいえると思います。「融合集団」の存在がますます困難になってきたというこの変化はどうして生じたのだと思いますか？

ガタリ　私はサルトルという人にはたいへん尊敬の念をいだいています。けれども、彼の分析、とくに融合集団に関する考えには同調できませんね。その理由を述べるには、あなたのインタビューの目的からはずれた理論的展開をしなければならないので、手短にいいますけど、要するに集団に関する問題は単に集団の問題に結びついているわけではないと思うからです。集団の問題は私が多様な構成要素をもった動的編成（アジャンスマン）と呼ぶものに帰するのです。私が主体＝集団とか客体＝集団とか呼ぶもの(8)、つまり積極的であったり消極的であったり、意識的であったり操作されていたりする集団は、その集団の指導者の意志や集団の技術あるいは大なり小なり民主主義的な意図といったものに左右されるのではなくて、そのときどきの状況や状況の構成要素の総体に依存するのです。『リベラシオン』の同志をはじめとするポスト六八年世代の人々が理想や展望を喪失したとして、それは人によってさまざまに異なった仕方においてですよ。それは融合うんぬんの問題ではありません。それはむしろ、私が分子的闘争と呼ぶ社会闘争が今日いかなる新しい形態をとりうるか、そしてそういった新たな闘争とどのように機能的に結びついていけるかという問題なのです。奇妙なことに、『リベラシオン』の読者たちはこうしたあらゆる分子的闘争の結び目に位置しているのです。『リベラシオン』の読者には移民労働者がたくさんいるし、いまの生産システムのなかに身のおきどころを見つけられない青年たち、解放を求める女性たち、同性愛者、精神病や麻薬に関係している者たちなどがいます。それに対して、新聞をつくっているのはジャーナリストであって、彼らはいわば情報の倫理を選択したのだと思います。しかし、私から見ると、情報のプロというのは情報の神話にすぎないのであって、したがって、『リベラシオン』の読者と『リベラシオン』をつくっている者とのあいだには、はっきりとしたずれがあるのです。問題はそこにこそあるのであって、融合性の喪失などではまったくないと思いますよ。この概念は神話以外のなにものでもないでしょう。

粉川　われわれにとって『リベラシオン』は長い間一種の星のようなものだったのですが、それとは別に、多くのラディカルなミニコミも存在するのですね。たとえば『マカダム』〔路上〕といったような娼婦の小新聞はどうなっていますか？　まだ存続しているのでしょうか？　フランスの小新聞がいまも発展しているかどうかということに興味があるのですが。

ガタリ　それほど活発ではないですね。自由に発行されているものはまだたくさんあるし、数百の自由ラジオがあって、小さいながら表現活動の核にはなっていますけれどもね。しかし、さまざまな困難があって、こういう動きは全体として凋落の一途をたどってきたというのが現実ですね。けれども、今回の左翼の政権獲得によって、この種のあらゆる動きが息を吹きかえすかもしれません。

家族について

粉川　ちょっと話を変えて、家族についてですが、日本ではこの数十年で家族構造が激変したと私は感じています。この変化は、支配様式の変化、政治的システムや社会的ヒエラルキーの変化、さらにはマスメディアの浸透などと連動しているのではないかと思います。第二次世界大戦以前までは、家族構造はきわめて伝統的なものでしたが、戦後、とくに七〇年代以後、こうした構造が主として親子関係の点で変化したのです。つまり私風にいうと、それは「官僚主義化」したのです。

ガタリ　親子関係を指すのに「官僚主義」という言葉を使うというのは、たいへん興味深いですね。なぜそういう言い方に私がおどろいたかというと、たいていの日本人が日本では家族構造は伝統的なものであると説明するからです。私はあなたの意見に同調したいのですが、ただフランスでも家族をめぐる状況はたいへんあいまいではないかと思います。一方では、何も変わっていない、それどころか元に戻っているようにも見えます。つまり女は家庭にいて、子どもはよく勉強し、将来の職業のことしか頭にないといったような家族の神話やイデオロギーが厳然として存在しているのです。これはマスメディアわけてもテレビが流布する理想的家族モデルですよね。他方、こうしたモル的なレベルと対立する私が分子的と呼ぶレベルにおいては、そういった通常の家族集団とはおよそ無縁の家族が存在するのです。たとえばフロイトが研究したシュレーバー控訴院長(9)の例をとると、シュレーバーが錯乱状態で見ていた人々は、文楽の操り人形みたいなものです。で、フランスの家族はいってみれば文楽の人形を中心とした家族のようなものです。つまり、テレビ受像機のなかに声があって、腕や脚がそこいらじゅうから出ているわけです。これは一種の集合的施設みたいなもので、社会福祉が母親役をしていたりもするのです。これは完全に人工的な家族で、私流にいうと、脱領土化された家族であるわけです。こうすると、家族の動きがすべて文楽の操り人形に似てくるのです。そして、すべてが国家権力や経営者、集合的労働力の構成、集合的施設、マスメディアといったものによって操られ、結びつけられることになるのです。こういった家族がみずからの一貫性を見つけることができるなら、家族万歳となるのでしょうけれど、それは幻想にすぎないでしょうね。

粉川　日本の典型的家族というのは次のようなものです。つまり、夫はリビングルームでテレビを見ていて、妻は友達に電話をしていて、息子や娘は自分の部屋でステレオを聞いている、といった情景ですね。

ガタリ　それに、ゴルフやテニスですね（笑）。

粉川　そういう日もありますね（笑）。

スキゾ分析とは

粉川　ところで、以前二度インタビューしたときに、あなたの精神分析批判についてあえておたずねしませんでした。というのは、あのとき、私はあなたの話を聞いたりあなたに会ったりした日本の専門家があなたの精神分析批判について当然何か書いていると考えたからです。しかし、そういう話題をあつかっている新聞・雑誌がまったくないということがわかりました。それは日本ではヨーロッパやアメリカとちがって、フロイトの精神分析は最近ようやく定着しはじめたばかりだからでしょう。ですから、あなたの精神分析批判は日本にとってはおそらく時期尚早だったのだと思います。そういうわけで、ここでは、読者のためにいくつかの基本的知識を教えていただければありがたく思います。とくに、あなたの唱える「スキゾ分析」とR・D・レインのような「反精神医学」とか「ラディカル・セラピー」といったものとの違いについてお聞かせいただけますか？

ガタリ　ごくかいつまんで図式的にお話ししましょう。フロイト的精神分析だけでなくラカン派の精神分析つまり構造主義的精神分析というものは、すべてを言葉の問題を中心として展開します。そういうふうにして、いわば古典的心理学では把握できないすべての現象を引き受けようとしたのです。したがって、彼らは主観性の新しい大陸と呼ばれるものを発見するにいたったのです。しかし彼らは、この新たな大陸を踏査するかわりに、十八世紀や十九世紀の植民地拡大時代の探検家のように行動したのです。つまりこの時代の探検家たちは、アフリカ大陸やアメリカ大陸で何が本当に起きているのかということに関心をもったのではなくて、現地の人間をヨーロッパ的生活様式つまりヨーロッパ資本主義に適応させようという方向に努力をそそいだのです。で、精神分析家たちもこれと同じことをしたのです。彼らは夢や言い損ない、やり損ない、精神病、幼年期の心理、神話といったものに関心をもったのですが、こういう領域の特殊な論理を理解し、深めるためにではなくて、それを支配的な理解様式、支配的な生活様式に引き戻そうとしたのです。そうして、女性のあいだの関係を定式化したり、家族の三角形構造をあてはめたり、現実の解釈の仕方を鋳型にはめたりしたのです。ですから、私の非難は彼らのいうことがわれわれの社会の現実から逸脱しているということなのです。

私は彼らを批判して、運動や国際組織や流派をつくったり、技術マニュアルを作成しようなどとは思っていません。ただ、この無意識の大陸の現実的な分析形態とはどういうものかということを考察しようとしているだけです。それは自然発生的に現出するものではありません。こういった問題に立ち向かう社会集団のあるがままの姿をとらえねばなりません。したがって、社会的領域には無意識の問題があるということ、そしてこの問題は単に精神科医や精神分析家といった専門家にかかわるだけでなく、あらゆる人々、たとえば地域や学校や活動家集団などのなかでみずからの生を生きようとしているすべての人々にもかかわる問題なのだということを証明しなければならないのです。

こうした人々は誰でも無意識の問題に直面しているのです。たとえば、あなたの新聞や活動グループのなかで、リーダーとされる人が他のメンバーを疎外したりするとき、あるいは男のファロクラシー的行動や、タブー、不安、恐れといったような問題が生じたとき、あなたは一連の心理学的・心理病理学的なテーマに直面しているわけですよ。そのとき、あなたはどうすべきか。それはわれわれの問題ではない、われわれは活動家である、指導者である、教育者である、だからこういう問題は精神科医や精神分析家にまかせればいい、というわけにはいかないでしょう。「スキゾ分析」はまさにこれらの問題はあなたの問題でもあると宣言するのです。

そこには単に人間的連帯という意味だけでなく、高度に政治的な理由もふくまれています。なぜなら、あなたがもしこういう問題を引き受けないのなら、あなたはまちがいなくドグマ的な政治をすることになり、今日何よりも主観性の生産装置として、マスメディアや集合的施設を使った主観性のマニピュレーターとして現れている資本主義の機能を絶対に理解できないからです。したがって、あなたは今日社会闘争はいかにあるべきかということが理解できないまま、十九世紀と同じような階級闘争を続行し続けることになるのです。いまや社会闘争は無意識の主観性、そしてそれを標的にしているあらゆるマニピュレーションにかかわるこうした諸問題を引き受けなければならなくなっているのです。

政治経済とリビドー経済はリゾーム的関係

粉川　伝統的な精神分析やラディカルな精神分析はどんなタイプのものでもミクロな階級闘争とは結びつかないとお考えでしょうか?

ガタリ　いっさいの心理社会学的な技術、アメリカのゲシュタルト・セラピーのすべての技術、集団的精神分析のあらゆる技術、さらには家族セラピーの流行といったものは、ミクロ社会的、ミクロ政治的な諸問題を回避するということを、私は確認しているのです。ただし、家族セラピーの潮流のなかにネットワークの実践と呼ばれる流れがあって、これはそういった問題を取りあげようとしています。そのなかには、モニー・エルカイムという理論家にして実践家でもあるベルギーの精神分析家がいて、アメリカで仕事をしながら、精神医学の国際ネットワークをつくろうとしているのですが、彼は地域の闘争や具体的な制度のなかで生じる問題と家族セラピーが両立しうるということを証明しようとしてます。これはまだ萌芽期ですが、とても将来性のある流れですね。私自身も彼らの催す集会や会議に幾度か参加しました。しかし、今日、大部分の理論や技術が社会領域とリビドー領域のあいだに一種の分離をもうけ続けています。ライヒやマルクーゼといった大理論家でさえ、政治経済とリビドー経済は根本的に同じものではない、同じ領域に属するものではない、と考え続けていたのです。私は、逆に、政治経済とリビドー経済は絶えざる相互作用の関係、リゾーム的関係を維持していると考えているのです。マスメディア化の進展、情報処理、情報通信の発達といったものが、いまや、生産や労働が主観性の生産やマニピュレーションの問題と緊密に結びついているということを証明しています。今日、労働は完全にマスメディア化され、情報化されつつあります。つまり、主観性の問題は絶えず生産過程の内部で生じるのであり、したがって政治経済とリビドー経済を分離することはできないのです。

カフカについて

粉川　そうすると、たとえばカフカはいわゆる精神分析よりもずっといいということになりますか？

ガタリ　もちろんそうです。カフカには偉大な「スキゾ分析家」のもつ明晰さが見られますね。カフカはナチズムやスターリニズムの誕生以前に官僚主義の変化をよく理解したのです。彼はオーストリア＝ハンガリー帝国に存在したような古い官僚主義とテクノクラシー的な新しい官僚主義とのあいだの断絶を理解したわけです。彼自身が保険会社、要するに一種の社会保障システムのなかで働いていて、計算機や初期の情報機械に興味を引かれ、諸個人が情報の歯車、新しいタイプの官僚に変わっていくことに引きつけられたのです。彼は理論をつくるということはしなかったのですが、同時代のいかなる理論家よりもはるかにすぐれた直観、感受性を発揮したのです。

粉川 あなたはカフカ以外にどういった文学者に魅かれましたか?

ガタリ たくさんいますが、とくにジョイスやベケットなどですかね……

粉川 だけど、カフカは特別だということですね。

ガタリ 私にとってカフカは先生みたいなものですね。私を教えてくれた作家なわけです。いわば私にとってフロイトやマルクスと同じで、カフカによって、動物への生成とか機械への生成、不可視への生成といったような重要な事柄を理解するようになったのです。小説家、哲学者、政治家といった要素をあわせもった大作家がいますが、カフカはアントナン・アルトーのように一種の活動家でもあるのです。小説、文学、哲学といったようなカテゴリーに分けてよしとしてしまうわけにはいかない作家がいると思うのです。カフカは友人であり兄弟であり同志でもあるのです。いくつかの問題を前にしながら、ときとして私は、カフカならどう考えるだろうと自問したりすることがあります。カフカは私にとって生きた機械、持続する抽象機械であり、機能し続けるかぎり生き続ける作家なのです。問題はもはや機能することができない作家を機能させようとする場合です。たとえばマルクスもフロイトも機能することができないような状況があります。その場合、彼らを改変したり、脚色したりするにはおよばないのです。それはある特定の領域においては機能しなくなった古い機械のようなものなのですから。しかし、そのことはマルクスやフロイトが機能する領域があるということを否定するものではありません。ただ、彼らはあらゆる新しい状況に適用されうる「機械仕掛けの神」ではないということです。それに対して、カフカのような作家はなかなか古びないんですね。彼はまだ多くのことをわれわれに教えてくれる作家だと思います。

粉川　あなたはカフカをマルクスやフロイトを読むよりも早くから読んだのでしょうか?

ガタリ　同時にですね。

粉川　いつでしょうか?

ガタリ　十八のときですね。

ガタリと精神分析

粉川 ところで、現在あなたが精神分析とどういう関係にあるかということをお聞かせいただきたいのですが。あなたはいまもラボルドにいらっしゃるのですか？

ガタリ 週に十五時間はラボルドで働いていますよ。それから、フロイト派とは完全に切れました。それにフロイト派自体が四分五裂したのです。もっとも、こういう終わり方はフロイト派がおこなったもっとも素晴らしいことですけどね。まあ、それはそれとして、私が関係を保ちつづけている精神分析家たちもいます。私は彼らといっしょに「スキゾ分析」のセミナーをしたりもしています。要するに、私は私流の仕方で分析の実践を再開しているということですね。

粉川 「革命家は〝スキゾ過程〟に働きかけながらモデルを見つけていかねばならない」というふうにあなたが語っていると多くの人が述べているのですが、これについてはいかがでしょうか。

ガタリ いまはもうそういう言い方はしませんね。昔、精神分析やラカン主義から区別するためにそう言っていたのです。当時はラカン主義が非常に強くて、ちょうどドゥルーズといっしょに『アンチ・オイディプス』を書いた頃のことです。われわれわれは精神分析のモデルは本質的に一定の家族概念と家族にかかわる神経症から継承したモデルであるということをいおうとしたのです。つまり精神分析のオイディプス的概念にわれわれは反対したのです。ほかにもさまざまな機能様式があるからですよ。まず、前資本主義社会あるいは原始社会における機能様式、そこにおけるオイディプス化以前の子どもの機能様式や精神病者の機能様式などがあるのです。われわれは精神病化にはさまざまな過程が存在するといったのです。しかし精神病はすぐに精神医学に結びつけられてしまうので、われわれとしては「スキゾ」という言い方をしたのです。社会をつらぬくさまざまなスキゾ過程があり、それは単に心理病理学の問題ではなくて、創造の問題でもあるのです。人はあらゆる状況において支配的な意味作用と断絶することができるのです。そういう言い方の言葉尻をとらえて、「つまりあなたがたは分裂病者は革命家であるというわけですね」という人たちがでてきたのです。しかし、われわれは一度もそんなことをいったことはありません。分裂病者は精神病院に閉じ込められた不幸な人々ですよ。われわれがいっているのは、分裂病者のなかにも、幼年期のなかにも、創造活動のなかにも、いたるところに、スキゾ過程を見いだすことができるということですよ。しかし、あなたの引用したような言い方があまりにも多くの誤解を生み出したので、いまとなってはそれは忘れた方がいいと思います。

欲望の概念について

粉川　私の理解では、分子的分析の目標は〝欲望の奔流〟あるいは〝リビドーの奔流〟を解き放つことだと思うのですが、多くの読者がこういった概念を何か異常なものとか非合理的なものと誤解していますね。

ガタリ　あなたがおっしゃったことはいま私が述べたスキゾ過程の問題と同じ問題ですね。ドゥルーズと私が欲望と呼んだものは、フロイトが欲動とかリビドーと呼んだものとはまったくちがいます。この点ではフロイト自身もずいぶん変化しているのですがね。とにかくわれわれは、欲動の下部構造が欲動の代表に変容するなどとはいっていません。われわれが主張しているのは、社会であれ、機械であれ、われわれを取り巻くすべてのものに――当然生そのものにも――さまざまな機能様式が存在するということです。フロイトのいう一種の恒常性の原理に依存する、層状態をなしながら始原状態に戻ろうとする機能様式がある一方、プリゴジンの表現を借りて私が不均衡的と呼ぶ、層状的均衡にはほど遠い機能様式があります。われわれにとって欲望というのは、意味作用であれ構造であれ状況であれなんであれ、それまでの均衡が断ち切られるということ、そしてこの切断が破局をまねくのではなくて、増殖、創造、われわれが新しいタイプの可能性と呼ぶものを生み出すということなのです。

ミッテランの登場は、これから、多くの人々によって破局として生きられるでしょう。ブルジョアジーにとっては、自分たちはどうなるだろうという真っ暗闇の状態なのです。フランスは終わりだ、という危機感です。しかし私はそうは考えません。それはミッテランが亡き毛沢東のように天才的な公式を編み出すということではありません。そうではなくて、さざまな可能性が増殖するだろうということです。それが私が欲望と呼ぶものなのですよ。すべてが不可能だと思われたところに何かが創造される。欲望とはそういうものです。若い男と若い女の恋愛を考えてみても、それは部分対象を所有することではないことは明らかでしょう。ある領土を獲得するということはリビドーの作用に還元することはできません。それはまず何よりも、ある牢固たる世界、恋愛でいえば二つの牢固たる世界に、その直前まで不可能と思われたことが可能なこととして出現することなのです。そのとき、それぞれが家族や自我や自分の殻に閉じ込もっていた二人が、何か別のものの出現、別の可能性の出現を見るのです。この可能性はカップルになったり結婚したりすることによって再び閉じられ、回収されてしまうかもしれない。いずれにしろ、恋愛というのはそれまで送っていた生活とは別の可能性を垣間見させるものです。そして、恋愛にともなって性や愛撫や衝突や嫉妬等々の問題が生じるのです。しかし、欲望というのは、まず何よりもこうした別の可能性の世界の発動であり、だからこそわれわれすべての問題なのです。それは既存の経済、層状化された経済、反復の経済と断絶することによって出現する可能性の経済にほかならないのです。この可能性の経済は人々を夢中にさせる何かです。それは因果律によるものでもないし一見合理的でもありません。しかし、今日物理学者が熱力学の不均衡理論を唱えるのと同様の意味できわめて合理的なものでもあるのです。欲望とはいってしまえば創造性であり、システムの変化、構造の切断なのです。それは全然反科学的な対象ではなくて、同時に政治的、科学的、社会的、実践的でもあるような別のタイプのアプローチの対象なのです。たしかに可能性の科学というものはないし、科学の定義からいって新しいものを予見する科学というものもありません。しかし、このようなアプローチは完全に合理的なものです。といって、すべてが可能であり、すべてがいつなんどきでも起こりうるということをいっているのではありません。むしろその逆です。非合理的なのは、いまあるようなものごとの状態が今後も持続すると考えることです。日本やフランスがいまの軌道の上を将来も変わらずに走り続けると考えることこそがまったく非合理的で馬鹿げたことなのです。たとえば日本の青年が日本社会にどんなとてつもない変化をもたらすかということを考えることの方がはるかに真面目なことです。想像を絶する極貧のなかで生きている地球上の何億もの若者が何をもたらすのか、世界中の飢えはこのまま続くのか、といったようなことを考えねばならないのです。そうしてみたら、何かが起こるのではないかと考える方がよほど合理的であることがわかるでしょう。私はそれが何であるかは予言できませんが、何かが起きるだろうということだけは予言できます。こんな状態が続くことはありえないのであり、われわれは来たるべきこの変化、聖書にも、資本論にも、毛語録にも、ミッテランの綱領にも書き込まれていないこの変化を支援するためにあらゆることをしなければならないでしょう。

多数多様性

粉川　「多数多様性」（multiplicité）という概念について説明していただけませんか？　あなたはこれを「分子的多数多様性」と「モル的多数多様性」という二つの方向にわけているように思われます。この概念はグループ概念なのでしょうか？

ガタリ　そうですけど、この概念はライプニッツだけでなく、古典哲学にも一貫して見出されるものであって、ドゥルーズと私の発明ではありません。われわれがこの概念を使っておこなおうとしたのは、主体／客体の対概念からの脱却です。主体／客体の対概念は多数多様性の概念と寄り添っているのですが、多数多様性は主体でも客体でもありません。これは、われわれはわれわれが人間存在として世界についてもっている見方は形而上学的な真理であるとはみなしていないという意味において、根本的に唯物論的な選択なのです。この観点からすると、主体と客体の分割以前に何かが存在するのであり、重要なことは、主体化の位置、現実の主体化といったものがどのように確立されるのかということを理解することであるということになります。もうひとつは、社会的な動的編成、人間的な動的編成といったものはどのような仕方で現実と接続するかということです。これが二つの重要な問題ですね。で、図式的にいうと、あらゆるコミュニケーション装置を通して表象のシステム、シニフィアンの図式、迂回のシステムといったものがつくられると、この表象の指示対象の位置どりが決まり、主体が登場して、情報や表象を資本化（蓄積）し記憶するということになります。主体はさらにこの資本化に応じてみずからの諸関係、みずからの世界を組織していきます。ニーチェは、人間に記憶をもたらすには残酷きわまりない方法を用いねばならなかった、といっています。その記憶とは社会的主体のことであり、私が多数多様性のモル的加工処理と呼ぶのはこの記憶のことなのです。それはいわば専制君主やイエス・キリストあるいは多数多様性の代表者の化身でもあるのです。しかし、当然のことながら、そこにとどまり続けたら袋小路に陥ります。なぜなら専制君主はまったく無力になるし、表象はイコンのような何か観照の対象にすぎないものになって現実との接点を喪失するからです。これとは別のタイプの過程、別のタイプの加工処理、私が多数多様性の分子的加工処理と呼ぶものが登場したとき、はじめて何かの作用、現実との接続、変化といったものが生じるのです。この一連の動きの作動をドゥルーズと私はダイアグラム的機能と呼んだのです。つまり、自分のいいたいことをわかりやすくするために、表象とダイヤグラム的表現とを対置したわけです。たとえばサイバネティックス的な自動制御の簡単な例を挙げましょう。あなたが車を運転しているとして、普通あなたは車の機能にサイバネティックス的に従属していますね。つまり、あなたの反射神経、知覚、道路から受け取るシグナルといったものが、いちいち何かを考えることもなくあなたを機能させるわけです。あなたはあなたがどうすべきかということを思い描くにはおよばないのです。もちろん思いがけないシグナルがあなたの意識を覚醒することもあります。そしてその場合は、フィードバック・システム、記号的な制御システムを変えるために表象が介入することにもなりましょう。しかし、普通に機能している場合、それは多数多様性の分子的加工処理の次元に属しているのです。「フェリックス、さあ、手を変速装置の上におきなさい」などという主体は存在しないのです。それは、あなたがまだ運転を知らないときに、先生が「足はこちらにおいて、これをして、あれをして」という話とはちがいます。あるいは、あなたが精神病者になったとして、階段を昇るときに、「ぼくには足があるだろうか、足の具合はいいのだろうか」などと自問するときとはちがうでしょう。そんなことをしていたらころんでしまいますよね。あなたが普通に歩いたり踊ったりしているとき、あなたは何も考えずにそうしているのです。あなたはいちいちあなたの足のことやその動きを思い描いたりしないでしょう。この二つのタイプの機能の仕方を区別することができます。ひとつはダイアグラム的機能で、そこでは記号が主体や表象の媒介を経ずに機能します。もうひとつは表象的機能とでもいうのでしょうか、そこでは記号があるコード、表象的イコン、シニフィエといったものを参照しながら機能するのです。しかし、二つとも多数多様性である点では同じで、ただ加工処理の仕方が二つあるということなのです。道路上にあるのはボタンやシグナルなど同じ多数多様性であっても、それがモル的機能としてとらえられたら、「私は何をしているのか、ブレーキをかけるべきか、いまどこにいるのだろうか」といった塩梅になるのです。しかし、それが運転の上手な人によって自然な流れとして機能するならば、その人は別のこと考えながらでも、夢を見ながらでも、あるいは居眠りしながらでも処理することができるのです。私は運転をしながらよく居眠りします。また運転しながらあれこれものを考えます。大ピアニストというのは、自分の指のことや楽譜のことなど考えない人です。そういう人はおそらく自分の演奏のこと、自分が演奏している作品の創造的本質などについて考えながら弾いているのです。「三小節あとにむずかしい音程が出てくるから注意しなきゃあ」などとは考えていないのです。それはまだ駆け出しのピアニストでしょう。しかし、彼らが向きあっているテキストや楽譜などは同一の多数多様性であり、ただ加工処理の仕方がちがうだけなのです。

記号論をめぐって

粉川　あなたの思想のなかで私がいちばん理解しにくいのは記号論へのコミットです。それはたいへん複雑に思えます。あなたが記号論をどう解釈しているか説明していただけませんか？　あなたは記号論をいろいろなタイプにわけていますね。たとえば「シニフィアンの記号論」、「非シニフィアンの記号論」、「ポスト・シニフィアンの記号論」等々といったように……。[10]

ガタリ　単純に考えてみましょう。ある構造、たとえば物質の構造、岩の構造といったような例を考えてみたらいいと思います。結晶の構造は形を再生産して伝達しますね。で、形は原子によって伝達されます。したがって、形と実質は互いに完全に内属的関係にあるということができるでしょう。これが第一の点です。動物や植物の場合、形は、化学連鎖式とは区別されるコード、あるいはコードの系列によって伝達されます。つまり複雑な分子をつくりだしているのはＡＲＮ（リボ核酸）の連鎖的代謝であって、これが再生産システムをつくっているのです。コードは自立しているのであって、したがって構造からコードへ移行するとき、ある分離、コード化の様式の自立化が生じるということです。人間の行動を例にとるとして、そこには遺伝的コードにはよらない伝達様式があります。言葉やテクノロジーによっておこなう学習や記憶の作動といったものがあります。これもまた別の意味で分離といえます。私はこれを記号論と呼んでいるのですよ。記号論とコード論のちがいは、記号論が記号システムを解釈システムとつなげて直線的に利用するのに対して、コード自体は必ずしも直線的ではなくて、コードの機能、コードのシンタックスはコード化の様式に由来するということです。ここで、たとえばチョムスキーがシンタックスと呼ぶものとこのシンタックスによって操られる要素、内容や表現といったものとを区別しておかねばなりません。なぜなら、表現と内容は遺伝的コードのなかで結びつけられているのに対して、シンタックスは自律化しているからです。これが私が記号機械と呼ぶものです。ただし、記号機械にはあらゆる種類のものがあって、たとえば音楽の記号機械は方程式や化学にかかわるテクノロジーの記号機械とは同じではありません。またお金の支払いなどのときに機能する記号機械もあります。こうしたお金や代数の方程式あるいは音楽といったような記号機械はそれぞれ異なった記号機械なのですが、いわゆる意味作用の現象を生産しないかたちで機能するという点では同じ記号機械でもあるのです。もちろん、別の意味で意味作用があるといえばあるので、たとえばベートーベンのテキストの記号論もありうるわけです。「ああ、これは田園交響曲を思わせる」とか、「小鳥の鳴き声を想起させる」とかいえるのですが、かりに田園交響曲を聞きながら小鳥の鳴き声を想起したとしても、それはテキストのなかに書き込まれているわけではありません。これは非シニフィアンの記号論に属するのです。方程式にしても同じことで、橋をつくるのに方程式を使うことはできても、方程式が橋をつくるわけではありませんね。意味作用をもたらすのは応用なのです。要するに、これも非シニフィアンの記号論に属するのです。人間の言葉も同様です。それは音素とか語彙素といった非シニフィアンの連鎖と意味作用をまぜあわせたものです。ところで、私がこうした非シニフィアンの記号論に対置するシニフィアンの記号論は、権力の行使にかかわるものであり、いわば権力機械の構築の仕方のひとつなのです。そして、このシニフィアンの記号論は他のすべてのコード、すべての記号論を横領するものなのです。「おまえは君主として、専制君主として考えねばならない。そういう思考に適応しなければならない」といった権力支配の様式は、支配的なシニフィアンのコード化と両立するのです。そうすると、他のすべての特異的な意味作用はこの支配的な意味作用に従属し適応しなければならないのです。これまでの歴史のなかで大きな権力構成体を作動させてきたのはつねにシニフィアンの記号論なのです。もちろん宗教を作動させてきたのもそうです。なぜなら、政治的・経済的権力は宗教的権力なしには考えられないからです。宗教的権力はさまざまに異なったタイプの権力をいかに結び合わせるかという解釈を提示するのです。あるいは、子どもであるとか大人であるとか、男であるとか女であるとかといった事柄を結び合わせ、イニシエーションのシステムを提示するのです。人が神や専制君主や自分自身や家族のために何かを生産するということが政治的・経済的次元で可能になるためには、意味作用を解釈する機械が必要なのであり、宗教機械がその役割を果たしてきたということです。

粉川　要するにあなたの記号論は機械状無意識と関係があるわけですね？

ガタリ　そうですね。シニフィアンの記号論がつねに社会や権力と関連しているのに対して、非シニフィアンの記号論はものごとの真理と関連しているからです。コンピュータや情報機器のなかでコード化された記号は、物理―化学的な過程や諸機械のテクノロジー的な編成などにもじかに働きかけるのです。したがって、マルクスが生産諸関係と呼んだもののレベルと生産諸力と呼んだもののレベルでの二重の記述が可能にもなるのです。生産諸関係はつねにシニフィアンの記号論の虜であるのに対して、生産諸力はつねに非シニフィアンの記号論と関係しているのです。そして、機械状無意識の加工処理はまさにこの二つの記号論の接合に依存しているのです。無意識はこのレベルにおいて機械的なのであり、またこのレベルにおいて人類学的でもあるのです。

訳注

（1）第5共和制　ドゴールの政権復帰とともに一九五八年に始まった体制。

（2）レオン・ブルム　一九三六年七月から三七年七月のあいだ第一次人民戦線内閣の首相。

(3) トラニ　イタリアの南部の都市。
(4) ジャン＝ピエール・ファーユ　ハイデガーのナチへのコミットを哲学的に批判した『罠――ハイデガー哲学とナチズム』（未邦訳）などで知られる批評家。
(5) ペルフィット法　ロジェ・ペルフィットは一九七七年から八一年まで法務大臣をつとめた政治家。
(6) ミュチュアリテ公会堂　パリのカルチエ・ラタンにあるホール。よく政治集会がおこなわれる。
(7) セルジュ・ジュリー　『リベラシオン』の創設者のひとりで、経営陣のトップ。
(8) 主体＝集団とか客体＝集団とか呼ぶもの　この概念に関しては、ガタリの著書『精神分析と横断性』（杉村昌昭＆毬藻充訳、法政大学出版局刊）に詳しい。
(9) シュレーバー控訴院長　フロイトによるパラノイア研究の症例として有名。
(10) この点については、ドゥルーズ＝ガタリ著、杉村昌昭訳『政治と精神分析』のなかの「制度のなかにおけるシニフィアンの位置」というガタリの論文が参考になる。

Photo by 梶洋哉

ガタリを語る

粉川哲夫
杉村昌昭

5 F ● LUNDI 31 AOUT 1992

NOUVELLE SERIE N° 3507

EN SUPPLEMENT LE TRAITE DE MAASTRICHT COMMENTE

Libération

LE TEXTE DU TRAITE DE MAASTRICHT ANALYSE ARTICLE PAR ARTICLE PAR E.GUIGOU ET P.SEGUIN

OUI

Libération

NON

A J-20, LES PRO-MAASTRICHT AJUSTENT LEURS DISCOURS

LE FRONT DES OUI MONTE EN LIGNE

Au cours du week-end, Pierre Bérégovoy, Valéry Giscard d'Estaing et Michel Rocard ont suivi une ligne d'analyses convergentes sur les risques du «divorce» entre l'Allemagne et la France en cas de victoire du non au référendum. Ils ont aussi souligné l'impossibilité de renégocier le traité de Maastricht s'il était rejeté. Jacques Delors, dont l'entrée en campagne a été mouvementée, n'a pas convaincu la direction des Verts de choisir le oui. Antoine Waechter et une moitié du mouvement seulement sont favorables à Maastricht. Lire page 2.

GUIGOU ET SÉGUIN ANALYSENT LES ARTICLES DU TRAITE

«Libération» publie avec ce numéro un supplément gratuit: le texte intégral de Maastricht. Pour éclaircir le contenu de ce traité d'un abord difficile nous avons demandé à Elisabeth Guigou, ministre des Affaires européennes, qui appelle à voter oui, et à Philippe Séguin, député RPR des Vosges, partisan du non, de le commenter en parallèle, article par article.

Sarajevo: nouveau carnage sur un marché

Un obus est tombé, hier, sur un marché de la capitale bosniaque. Seize personnes ont été tuées, et plusieurs blessés ne survivront pas. D'après le porte-parole de l'ONU, la volonté de «tuer des innocents», principalement des femmes et des enfants, est évidente. Lire page 18.

LES MILLE ET UNE VIES DE FELIX GUATTARI

Antipsychiatre, psychiatre, psychanalyste, philosophe, militant de multiples causes et compagnon d'écriture de Gilles Deleuze, Félix Guattari est mort brutalement, samedi, à 62 ans. Lire page 31.

「リベラシオン」紙1992年8月31日号（ガタリの死の直後に出たもの）
「フェリックス・ガタリの千一の生」

第1部　思想の発生現場

フェリックス・ガタリのあっけない死

粉川　僕はいま、杉村さんと初めて会った頃とはだいぶ違ったことをやっています。ガタリの息子さんがハンダゴテを持って活動していたそうですが、私もラジオパーティーというのを今やって回っているんです。インスタントなラジオ局をつくって、ひとつの空間をつかのま変えるというわけです。だから、理論を語るのが嫌いになっていて、ガタリ理論がどうしたこうしたという話はしたくないんですけど。

ガタリの息子さんはどうしてるんですか。

杉村　ブリュノ・ガタリといって、ラボルドの近所に住んでいて、企業のコンサルタントをやっていると言ってましたね。奥さんがブラジル系の心理学者でラボルドで働いてるんです。

粉川　前の奥さんの子供でしょ。いまの奥さんはどうしてるんですか。

杉村　自殺したんですよ。ガタリが死んだあと数か月後に。ジョゼフィーヌという

ラジオ・パーティー

美人の人です。もともとガタリはタブー破りなんですよ。患者に手を出しちゃいかんのですよ、精神分析医は。

粉川 あれっ、患者だったの。

杉村 患者だったらしいですよ。

ガタリはいろんな意味でタブーを犯してきたみたいですね。彼女はガタリが死んだのがショックだったんでしょう。ある人が彼女を主人公にした小説を書いているんですよ。三、四年くらい前、ガリマールから出ている。ガタリはFという名前で出てくる。このあいだ、ラボルドの女性精神科医のダニエル・ルロに聞いたらジョゼフィーヌと付き合い始めてからガタリは周囲から孤立した。なぜなら独特の個性の女性で、ガタリの交遊関係をがらっと変えようと強制したらしいんですね。ガタリは非常に困ったという話です。

粉川　タイトルはなんていうの。

杉村　『ジョゼフィーヌ』。

粉川　ガタリの死は、あっけなかったですね。

杉村　本当にあっけなかったですね。

粉川　心臓麻痺かなんかですか。

杉村　息子が発見したと言ってました。僕が三年ほど前ラボルドで働いている人たちから聞いた話では、ジャン・ウリはガタリをタブーにしてたんですよ、死んでから。僕はどういう死にかたをしたか聞きたかったんだけれど、誰も言いたがらない。聞いたらこの十年くらいはジャン・ウリとうまくなくていろいろ問題があったらしい。でも、突然自分より先に

ガタリの墓（撮影・前田敏行）

死んだからウリとしてはショックが大きくて、ラボルドでガタリの話をすることがほとんどタブーになった。ラボルドでガタリが使っていたオフィスも〝あかずの間〟になっていましたね。去年の夏に訪れたときは解禁されてましたけどね。『アンチ・オイディプス』はガタリはジャン・ウリに捧げるつもりだったらしいんだけれど、実際には精神分析そのものを否定するというところまでいっちゃう。ジャン・ウリは古くからのラカン派の重要人物で、実はもしガタリの問題などなければラカンが自分の後継者に指名しただろう人物だという説があるくらいです。ところが娘婿にいっちゃったわけですね。娘というのはジュディット・ラカンといって六八年のときのマオイストの闘士で、それにジャック・アランミレールというアルチュセールの弟子がくっついちゃって、結局遺産を継承して今にいたっているわけだけれども、実際にはジャン・ウリにラカンはかなり思い入れがあったようです。それほどラカンを評価していた人間だから、ガタリがフロイト・ラカンの線を否定する、精神分析そのものを否定するということになって、それからガタリとうまくいかなくなったということです。

粉川　ラジオ・ホームランのメンバーでいまは写真家の前田敏行がガタリの墓の写真を撮って来た。寂しい墓ですね。

杉村　いやそうでもないんですよ。パリ北東部のペールラシェーズという有名な墓地にあって、非常にエコロジカルな墓で、墓碑銘が刻まれているんですが、それはラボルドのスタッフが作った献辞なんですね。地面の上に草みたいなのをあしらってあって、どこかアジアティックな墓ですね。

いまガタリを問題にすること

粉川　まず今ガタリを問題にするとしたら、という話をしましょう。

杉村　いま日本でガタリをどうとらえ、どうみるかですが、一方でフランスでガタリがどう評価されているかということがある。率直な感想からいうと、ドゥルーズ＝ガタリという呼び方をしていても、結局ドゥルーズの流れはアカデミシャンでしょ。ドゥルーズ＝ガタリといったって多くの弟子たちは結局アカデミズムで食っていかなきゃいけない。だからガタリを排除してドゥルーズだけになるわけですよ。

フランスで九七年の一月にドゥルーズ・コロックというのがありました。エリック・アリエーズというドゥルーズの弟子が組織したドゥルーズ学会です。たまたま僕はアリエーズのゼミに一年間行ってたので聴衆として参加しました。それでガタリが周辺でどのように見られているかというのをいやおうなく感じたわけだけど、ほとんどもう哲学のレベルではドゥルーズをもちあげながら活動をやっていく。そうなると必然的にガタリは排除される。むしろ意図的に排除されているんです。ガタリというのは文化活動、あるいはアカデミズムと関係なくさまざまな活動をしているところで継承されている。

僕はそれでアリエーズに、ドゥルーズ＝ガタリが二人で書いたものをテーマにしながらドゥルーズの話しかしないがガタリの位置をあなたはどう評価してるのかと文句をいったんです。それで彼が気がついたということはないと思いますが、ブラジルとパリで行なわれたドゥルーズ学会をまとめた分厚い本のなかで、ようやくガタリについても頭の方で少し書くというようなことをやっています。

非常に面白いことに、ネグリがアリエーズのゼミに来て、スピノザとガタリは同じだと言ったんです。ようするに排除されている、野性のアノマリーだと。フランスのアカデミズムはガタリを排除している、けしからん、と。ネグリはガタリに非常に影響を受けてますからね。

粉川　そうですよ、だって彼を呼んでくれたんだから。ガタリがいろいろバックアップしてきたしね。

杉村　活動家としてのレベルで非常にシンパシーがあった。ところがアカデミズムの関係ではガタリの存在は完全に排除されている。

粉川　それはすごく分かる。七〇年代末頃でもそういう雰囲気はあったんですよ。ドゥルーズ＝ガタリといってもガタリはちょっとねという人がけっこう多かった。たとえば蓮實重彦はドゥルーズのことを書いているけどガタリのことは一切書かない。ドゥルーズ＝ガタリの『アンチ・オイディプス』に触れていても絶対にガタリについては語らないという人物です。さすが東大総長になるだけの人だ（笑）。最初から危ないものはきちんと分けるという点で先見の明があったんでしょう。ある種アカデミシャンの主体性を壊すみたいな部分がガタリにはあるし、そこは実は僕らが惹かれるところなんだけど、それはやはりアカデミシャンの保身の術のなかからは排除していくべきものとして見ているでしょうね。

ドゥルーズとガタリの協力関係というのをしつこく聞いたこともあるんだけど、彼がえんえんしゃべって、ドゥルーズがインスパイアされてまとめていくというパターンのようでした。

杉村　パリにＩＭＥＣという物故作家や思想家の遺稿を託されて管理している機関があるんですが、そこのオリヴィエ・コルペというガタリの遺稿の管理人が、ＩＭＥＣにドゥルーズの遺稿が来るかと思ってたが、ドゥルーズが残したものは何もないと家族が言うんだって言ってました。だからコルペによると変わった家族だというわけ。それで彼とよもやま話をしてたら、ドゥルーズとガタリがどういうかたちで一緒に仕事をしてたかだいたい俺は分かっている、ガタリがしゃべってドゥルーズが整理したんだと言う。なるほどなあとは思うんだけど、ただそれだけじゃないはずですよね。

粉川　もちろんドゥルーズの初期のものを読めば、ドゥルーズが先に考えていることもずいぶんあるわけ。だけど、概念の作り方というのはあれはガタリだなというのがほとんどですよね。

ラボルドへ

杉村　フランソワ・トスケルという人物がいて、彼が事実上のガタリの先生なんですよ。ジャン・ウリはお兄さんにあたるといったらいいんでしょうか。トスケルというのは、スペイン内戦の時にPOUM（マルクス主義統一労働者党）というスターリニストからもアナーキストからも排撃された独立マルクス主義組織があって、十代の後半からそこの活動家だったんです。彼は一九四〇年にフランコに死刑宣告されてスペインからフランスに亡命する。フランスとスペインの国境、ピレネーを越えると南フランスで、そこの山の中にあるサンタルバンという小村に精神病院があって、そこをまかされるわけです。そこで始めた精神療法をウリとかガタリが継承して、ラボルドで展開していくわけです。

五〇年代から六〇年代にかけて、アルジェリアの闘争がありましたね。文化活動に従事するとか外国へフランス語を教えに行くとか、フランス軍への徴兵参加忌避の仕方がいろいろあるわけですが、その一種として病院への研修という名目でガタリはサンタルバンへ修業に行くわけ。そこでトスケルに教えてもらう。精神科医としてはそういう形で独習型の人なんですよ。

粉川　もとはケミストリーの人なんでしょ。

杉村　薬学なんですよ。親がフランスで有名なチョコレート菓子の製造元でブルジョアなんです。フランスの経団連のなかでも有力な人物の息子だったんですよ。いろいろと身辺的なことを断片的に聞いてみると、自分ではプチブルだと言っているけどプチブル以上ですよね。息子は親の影響で無理に薬学に進んだんじゃないですか？　お菓子というのはいわばケミストリーですからね（笑）。

ガタリの印象

粉川　僕が八〇年に初めてガタリに会ったころ、ガタリというのはドゥルーズと一緒に映っている写真のイメージが強かったですね。文章からしてももちろんアカデミズムではないにしてもある種衒学的なイメージが強かったから学者風の男かなと思っていたら街のあんちゃんという感じだったね。

杉村　あんちゃんだけど、ちょっと育ちのいい感じの、まさにプチブルの……

粉川　ちょっとグレたって感じの、そういう人でしたね。

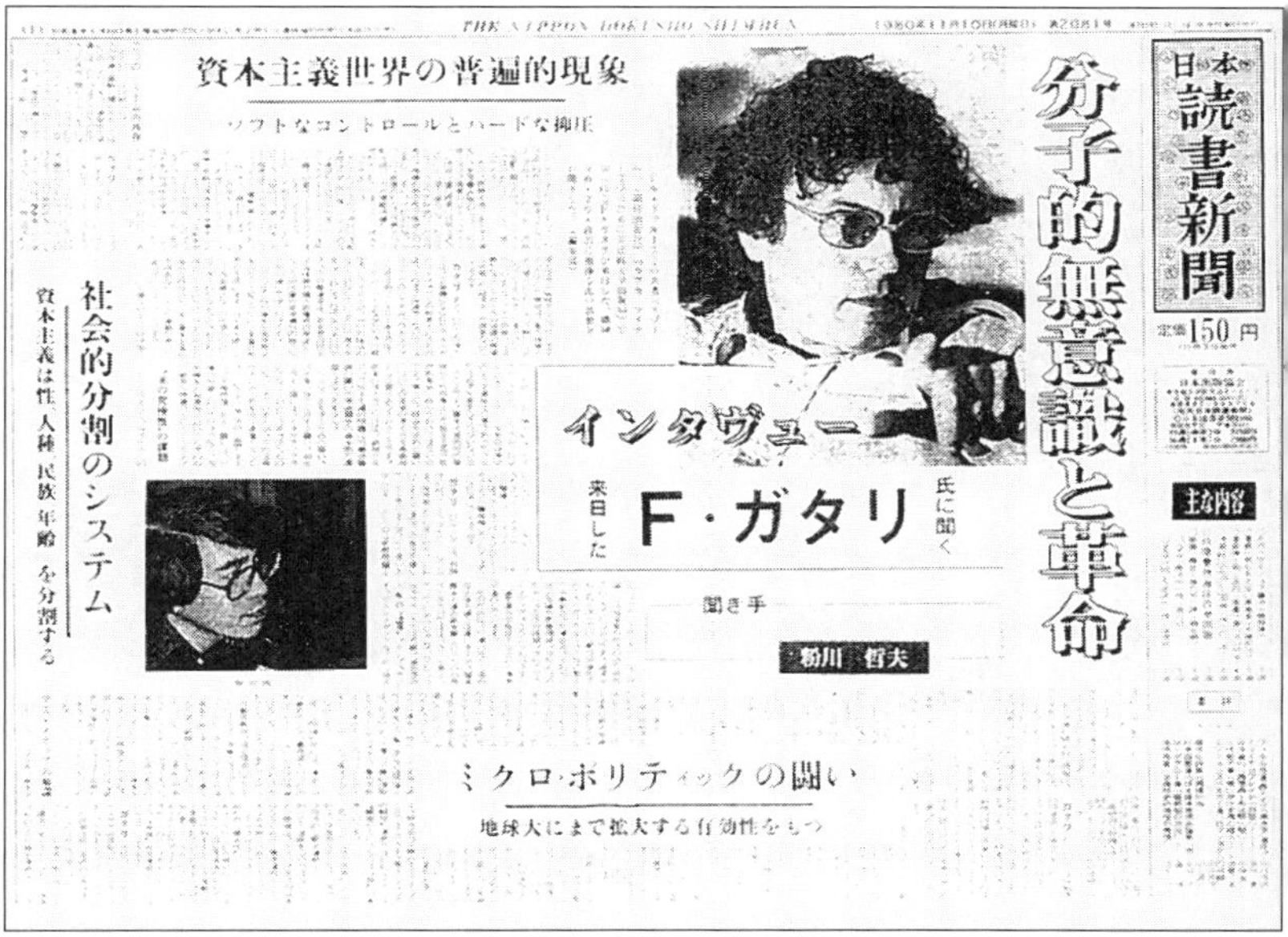
日本読書新聞
定価150円
分子的無意識と革命
インタヴュー
来日した F・ガタリ氏に聞く
聞き手 粉川哲夫
資本主義世界の普遍的現象
ソフトなコントロールとハードな抑圧
社会的分割のシステム
資本主義は性、人種、民族、年齢を分割する
ミクロ・ポリティックの闘い
地球大にまで拡大する有効性をもつ
主な内容

「日本読書新聞」1980年11月10日号

杉村　それは風貌だけじゃなくて基本的に思考のスタイルもそうですね。知的で少し破格な。

粉川　常に周囲に女性がいた。八一年のときも、いつ親しくなったのか知らないけど日本人の中年女性がいたな。パリにお店を出している人なんだって。それがインタビューしてるのに「ねえ、フェリックス」とか言って来るわけ。それでインタビューが中断されるということもありましたよ。

でも、彼はどうなんですか？　ドゥルーズとの関係というのがあるわけでしょ。つまりゲイ的関係というか。

杉村　いや、それはどうかな。

粉川　彼は自分では私はゲイでありホモでありヘテロでありそれから動物嗜好でありと全部いうわけじゃないですか。ポリセクシュアリティということをいうわけだけれども、実際彼はどうだったのかね。

杉村　いやそれは知らないですよ。僕はヘテロだと思ってます。精神的な次元におけるホモセクシュアリティは当然あるだろうし、人間にかぎったことではなくて動物への生成とか植物への生成とかいうわけだから、変幻自在性はあるんでしょうけど、たぶんに思想的なレベルのものだと僕は思いますけどね。

粉川　彼はしゃべっているうちにどんどん高まってくる人ですね。

杉村　分裂的に自己増殖するというか。

粉川　一九八〇年のインタビューでは三浦信孝さんが通訳で入ったんですよ。あの人は名通訳者じゃないですか。でもやっぱりだめなんだな。ようするにガタリは即

京大会館にて。1989年。

興の人だから。僕は最初からそういう感じが分かったから、英語で僕に質問させて下さいといって、英語で質問をして、その代わりガタリのフランス語を三浦さんが通訳してくれて、という双方向でやったわけ。そうしたら彼がどんどん乗ってきてくれて面白かった。杉村さんには起こした原稿を見ていただいたけれども、テープを聞くと彼の感情の起伏がよく出ているんです。二度目の時は雑誌社が用意したフランス人の通訳が来たが全然訳せない。結局その時も英語で質問した。三回目は通訳なしでやりましょうということでやりま

1989年11月21日（火）18時から大阪科学技術センターで開かれた「フェリックス・ガタリ、リゾーム都市大阪を語る」（主催・社団法人新日本建築家協会）の案内。

した。その時彼はもう乗り切って、後の方なんかほとんどしゃべり通しですね。

杉村　しかし彼はそれほど英語できないでしょ。

粉川　英語をしゃべるのは不得意なんだけど聞くのは分かるというわけ。とにかく訊けばどんどん応えるんだから。

杉村　今度のインタビューの中でも粉川さんがちょっと言うと、わーっとうまく乗って展開してるね。

粉川　乗りのいい人だよね。杉村さんが会った時はどんな感じだったんですか？

杉村　最初直接会ったのは京都でした。八〇年代の末ですかね。それ以前は、遠い昔、六八年に占拠されたパリのオデオン座でちらっと見かけただけです。京都では、十人くらいで関西の活動家的インテリと話がしたいとガタリが浅田彰に言ったらしいんです。『分子革命』を訳した人と会いたいということで、当時大阪女子大で同僚だった市田良彦君から話があって、京都で会ったんです。その時はガタリは体調が悪くてあまり調子が良くなかったんですが、その後パリで会いました。彼はラボルドに週の半分行って半分は自分のところでお客さんをとって精神分析家をやってたんですが、その家の方に行ったんです。その時は色々しゃべったあと、ちょうど宇野邦一さんの仲介で近々日本に行くことになっているから続きはそのときにしようというんです。たまたま沖縄タイムスの記者を一緒に連れていっていたから、じゃあ沖縄に行きませんかということになり、沖縄に連れていった。沖縄では非常に調子が良くてどんどんしゃべった。その時の講演を『新沖縄文学』に載せたんですが、自由に使っていいと言ってたから『三つのエコロジー』にいれた。この講演原稿は実は遺著『カオスモーズ』の最終章なんですね。それに、この遺著の第一章は大阪にきたときの講演です。だからこの二つの章は日本語版の『三つのエコロジー』に入っているわけですが、この本がまだ翻訳出版されていないのは非常に残念ですね。

粉川　彼は活動の現場に行くと元気が出るんだよね。『東京劇場――ガタリ、東京を行く』に出てますけど、下北沢に来た時も彼はわりと乗ってましたね。ブラジルだのいろいろ行ってるでしょ。

杉村　フランスにはラテンアメリカ、特にチリの亡命者がいっぱいいました。今はポスト・ピノチェトで多くが帰りましたけど。ラテンアメリカというのは精神分析がすごく盛んなんですね。アルゼンチンもブラジルも。それでラカン派の主流の草刈り場にもなっていて、一方でガタリ的な異端思想を受け入れる風土もあって、シンパが多いですね。

粉川　彼の場合は七〇年代にイタリアに行ってアウトノミアの連中とつきあって、そこから刺激を得ていろんな概念を作るというパターンがある。晩年はそういう現場に恵まれなかったという感じもないではないですね。

ガタリの遺著『カオスモーズ』。右は杉村昌昭氏への献辞

ミッテラン政権とガタリ

杉村　粉川さんの三本のインタビューはミッテランの大統領当選の前後ですよね。

ガタリ『分子革命』の原書。右は粉川哲夫氏への献辞

粉川　最後のインタビューは、まさに彼が日本にいた時にミッテランが大統領になったときですよ。

杉村　ミッテランが当選したのは八一年の五月ですけれども、僕はちょうどフランスにいたんですよ。

粉川　彼は興奮していたんだけれども、いま読んでみると三つくらいミッテランの可能性というのを出しているんですけれどもやっぱり一つは当たってる。

杉村　最終的には当たっているんですよ。今の状況とも符合している。やっぱり非常にオプティミスティックに考える反面非常にネガティブにも考える。両方持っているから、当然のごとくネガティブの方が当たっちゃったんですね。

粉川　あの時彼はかなり期待していたんです。プラスに賭けていたんだけど、でもちゃんと言っていますよね。

杉村　その時点でね。あれは僕もすごいなと思ったね。

粉川　ものすごく興奮して、こんな奇跡はないといいながら、ちゃんと分析しているんだよ。

杉村　八一年にミッテランが大統領になって二、三年の内に社会党政権が右傾化してしまうわけです。それで彼はノイローゼになる。あまりにも期待が大きかったので。その時に面倒をみたのがこのインタビューのなかでガタリが触れているフランソワ・パンという一緒に映画をつくった男なんですが、彼によるとミッテランが当選した当時、フランス社会党は新しい政策を遂行するコンセプトも態勢もまったく出来ていなかったんですよ。だから一躍ガタリがミッテラン当選直後のほとんど唯一といっていい政権のイデオローグになったというんです。

粉川　そうでしょうね。あの頃は知識人を大統領の官邸にどんどん呼んで使おうとしたんですよね。

杉村　ガタリがその代表的な一人になったんです。文化大臣になってバスチーユに新オペラ座をつくったジャック・ラングという人がいるんですけれども、彼はブロワというラボルドの近くにある都市を選挙母体にした代議士なんです。だからガタリと非常に親しかった。ジャック・ラングがガタリを頼りにして、彼から文化政策に関する提言とかテキストを書いてくれと頼まれたらしい。ガタリもその気になって社会党政権に期待していたから協力していた。それがあっという間にミッテラン周辺の政治家たちが金権汚職などで腐敗していく。それですごいノイローゼになったらしい。

粉川　僕はノイローゼになったというのは知らなかったんだれど、ちょうどガタリがミッテランに入れこみ始めたときこれはおかしいんじゃないかという感じがしたわけですよ。彼はそれで自由ラジオから離れていったわけですね。それはある意味で正しかったのかも知れない。なぜかというとフランスの自由ラジオは合法化されて大多数が一種のコマーシャルラジオになっていくわけですけれども、それで彼は離れていく。もう一つミッテランのポリティクスへどんどん入っていくじゃないですか。僕はそれで八二年ぐらいにガタリ離れをしていったんだけど、今になって杉村さんが訳している『闘走機械』を読んでみると、八三、四年の文章が出てくるでしょ。ここでバシッとやっぱり批判していますね。

杉村　これは原題に『冬の時代』というタイトルを付けていて、ようするに再び凍ってしまった時代を示唆しているわけですよね。

粉川　彼はノイローゼになったんですか。かなり考えてたからね。

杉村　フランソワ・パンからこういうことも聞きました。つまり、ミッテラン大統領下で首相が何人も交替していくわけだけれども、そのなかでウクライナ出身の労働者から首相になったベレボゴワという人がピストル自殺した事件があったんです。ウクライナ系の移民労働者あがりの首相で、ものすごく真面目なんだけれども、心ならずも汚職に引っ掛かってしまって右派の方から摘発された。で、そのベレボゴワ首相はガタリのところへなにかと私的な相談にずっと来ていたというんですね。そのぐらいミッテラン政権と密接な関係があったんですよ。

粉川　だってミッテランって初期は自由ラジオを使って活動してた人だからね。だから彼が当選したときガタリはものすごく喜んでいた。

杉村　そうでしょうね。僕はちょうどフランスにいたんですが、アカデミズムの中でも官僚機構があって当時は完全に右派系が握っていたわけです。フランスというのは政権が変わると中枢的な官僚機構だけじゃなくて大学の中までゴロッと人事が変わっていくことがある。だから左派系の学者たちはみんなミッテランには勝ってほしいと内心ずっと思っていたのですごく喜んだ。ところが実は社会党の中は四分五裂していたわけでどうなるか分からない。そうすると誰がその新しい社会党のイメージを打ち出せるかということでガタリが何だか知らないうちに登場してしまったらしいんです。そういうふうに上にいってしまったものだから余計にその腐り方に対するショックが大きかったらしい。うつ状態になって、三、四年おかしかったらしいですね。

八〇年代の後半にエコロジーにいくのは、そういう経路の中から新しい社会運動としてのエコロジー運動に思い入れしていったわけで、自然な流れともいえるんじゃないでしょうか。

粉川　『闘走機械』の前書きに、一つの自己批判を含めた総括的な部分がありますね。

杉村　そうですね。結局ガタリがこの粉川さんのインタビューの中で社会党政権は

●Felix《フェリックス》 Guattari《ガタリ》（1930.3.30）精神分析学者・哲学者――仏国

日本人は西洋人の真似をするのが好きだとよく言われます。確かにそういう一面もあるのですが、「逆もまた真なり」です。たとえば私など、日本酒が大好きです。私の住んでいるアパルトマンの下には、日本式のバーがあり、夜な夜な日本人が集まってきます。彼らはいつも、"カラオケ"で同じ曲を歌っては楽しんでいます。私はそこに日本酒の瓶をキープしているのですが、ときおり友人達を連れて行くと、その瓶のラベルに記された私の名前を見て、必ずビックリした声をあげます。しかし面白いことに、その、ひときわ大きく目立つ私の日本酒の瓶以外、このバーにキープされているボトルはすべて、あのちょっとずんぐりとした形の、サントリーオールドなのです。私もサントリーオールドを飲ませてもらいました。それはたいへん美味でした。舌の上から徐々《じょじょ》に口の中へ、喉、食道、胃へ、そして魂全体へと、香りが焼き付けられてゆきます。やがて最初のほろ苦さが消える頃には、さながら地球の地殻変動による地層形成のように、東洋と西洋が重なり合ってしまうのです。オールドを味わうことは、東洋と西洋のエキゾチズムの混合を味わう最良の方法に違いありません。

Des japonais m'y ont fait goûter. C'est bon aussi!…… La première amertume oubliée, les continents se chevauchent à la façon des plaques tectoniques de l'écorce terrestre. Un échange en somme, de bons procédés; l'exotisme des uns contre celui des autres.

「日本経済新聞」1987年4月27日の全面広告からガタリの部分。

果たしてどうなるかということに関して、社会民主主義の党として平凡な党になって、しかもそれがそれなりに抑圧的な体制権力として機能していく可能性が十分あると言っている点は当たってしまったわけです。今また社会党政権になっていますが、言ってみれば二〇年くらい後までを予測してしまった、しかもネガティブの方でというような気がします。

粉川　そういう話を聞くと、この前書きというのはなかなか含蓄が深いわけです。この中で「危機だ危機だというアジリ……すべてはそこに由来する。なるほど危機なくして社会党は政権につけなかった。だがそれはうまい口実にもなる。つまり今回の場合絶えず結果を原因とみなし、この事態がおおもとにおいて搾取する者と搾取される者の力関係のとてつもない不均衡から生じているのだということをすみやかに忘れ去っていくことが問題なのである」と言っている。「巨大な資本蓄積が生じている」と。それからこの中では日本的な組織方法を見本にしても埒があかないということとか当時のジャパニーズ・マネージメントというかそういうものを彼は来て知っているわけですね。それを彼はバシッと批判して非常に大きな目配りをしていますよね。

杉村 やっぱり単面的な人じゃないから。あれこれ複数的に、まさにスキゾ的というか分裂的にいろんな可能性を考えるというのが彼の思考スタイルだよね。

粉川 状況へのコミットメントに関して、ドゥルーズは体が弱かったのがひとつ抑止弁になっていて、うかつなコミットメントはしなかったんだけれども、ガタリの場合、イタリア人気質というか、情動的なところがあるんだね。

杉村 おじいさんがイタリアだったみたいですね。ガタリという名前からいってもイタリア系ですね。まあ明るさと暗さの両方持っているというか。

粉川 そういうノリで八七年にはサントリーの宣伝にもでてしまう（笑）。「日本人は西洋人の真似をするのが好きだとよく言われます。確かにそういう一面もあるのですが、『逆もまた真なり』です。たとえば私など、日本酒が大好きです。私の住んでいるアパルトマンの下には、日本式のバーがあり、夜な夜な日本人が集まってきます。彼らはいつも〝カラオケ〟で同じ曲を歌っては楽しんでいます。私はそこに日本酒の瓶をキープしているのですが、ときおり友人達を連れて行くと、その瓶のラベルに記された私の名前を見て、必ずビックリした声をあげます。しかし面白いことに、その、ひときわ大きく目立つ私の日本酒の瓶以外、このバーにキープされているボトルはすべて、あのちょっとずんぐりとした形の、サントリーオールドなのです。私もサントリーオールドを飲ませてもらいました」と書いている（笑）。ちゃんと日本語とフランス語が両方入って新聞の一面を飾っている。そういう時代もあったよね。これは浅田彰の責任もあるんだよ（笑）。

杉村　まあ利用できるものは何でも利用していこうというところがあった人ですよね。非常にメディアティックな人ですから。サントリーの宣伝も、そういうところで違和感なくいっちゃったんでしょう。社交界好きというより、メディアのあらゆる可能性を追求するというところがある。

日本の管理社会と天皇制

粉川　彼に日本ではなかなか変革というのが起きてこない、日本の政治家というのがろくなことをしゃべらない、自分の意見を持たないという話をすると、それは実はすごく高度な支配システムなんだと言ってました。彼はその時天皇制のことは知らなかったわけですけれども、日本はある意味で洗練された支配システムじゃないかというようなことを言っていましたね。

杉村　確かにそうですよね。フランスの場合はとにかくディスクールというかおしゃべりの形で人を引きつける、それこそ自分が自分の言葉に酔いながら人を酔わせるくらい演説の上手な奴が勝つわけです。寡黙な政治家というのはそもそも駄目なわけです。しかし、彼は精神分析家だから、精神分析的なレベルからいうとやっぱり言われなかったこととか言わないことが大きな意味を持つという、そういう洞察があったんじゃないかと思います。だからフランスと日本というのは裏表であって言葉をめぐって逆の文化ですね。

粉川　明確に言わないことによって支配する管理方式というものが今後出てくるだろうということを示唆していた部分もあるんですよね。

杉村　フランスで？

粉川　西欧社会において。日本は逆に一時代前のアメリカ方式で、ディベートとかそんなことを言い出しているけれども。

杉村　逆ですよね。逆に交差するっていうこともあるかもしれない。フランスではとにかくトップに立つ政治家、大統領は演説がいかにうまいかというような評価基準がある。日本は今、首相を見てもわかる通りそんなことはない。

粉川　ああいうのがコードだって言えばコードかもしれない。

杉村　そこへ戻っちゃうわけでしょう。

粉川　しゃべるのが出てくると、また、しゃべんないのが出てくる。なに言ってるのかわかんないようなのが出てくる。そういうパターンがひとつある。例えば一つの例としてはレーガン。彼の言っていることを分析した学者がいたけれども、そのほとんどが映画のセリフを引用して使っている。自分で言ったことっていうのはほとんどないんじゃないかという。そういう大統領が出てきたということはある意味で日本方式というふうに取れるんじゃないか。これは、マイケル・ライアンなんかもそんなことを印象として言っていたことがありました。

杉村　つまり、自分で書いて、自分でしゃべるんじゃなくて、黒子がいる。だからさっきの話に戻ると、ミッテランの演説をガタリに書いてくれっていう話があったらしいですよ。やったかどうかは詰めてないけど。

粉川　そこまで行ってたんですか。

杉村　一時は行ってたみたいですよ。そういう高度な政治支配を彼はやれたかもしれない。

粉川　黒子がしゃべるまではいいと思うんです。だけど、まさに、ない、というか、ないものを出すっていうか、そこまではきてないですよ、まだ。

杉村　ヨーロッパの中でもフランス的な政治は——フランスが一番強いんだろうけども——言ったことがすべてということですけど、日本は言わなかったことがすべてみたいなところがありますからねえ。

粉川　そこをどう越えるか。

杉村　そうですね。石原慎太郎みたいなのが、今度ボンボン言ってるでしょう。

粉川　アメリカ式なんですよ、あれは。旧アメリカ式。

杉村　あれは、ものすごい西欧的な政治をやっているわけです。いってみれば、あれが政治にほかならないんですよね。ただ、あれが非常にヤバいのは、銀行をめぐる問題で惹きつけておいて、いざ天皇制なりあるいはナショナリズムにかかわるところで、石原慎太郎がある一方的な立場で言うと、全部ダーッと行っちゃうというヤバサを持つわけです。日本人があういう政治家のディスクールをどう受けとめるかという問題が、不確定なまま推移している。

粉川 石原慎太郎というのはその意味で非常に象徴的ですね。天皇主義者で、ある種の西欧近代的なディスクール主義者ですよね。

杉村 ものをはっきり言うと。

粉川 ただ彼の欠陥というか弱みは、『NO!と言える日本』と言ったでしょ。だけど、英語のノーというのはイエスにもなるわけです。例えば相手がノーで聞いてきたときにはノーはイエスでしょ。でも、彼はノーはノーなんだよね。そのへんに彼の限界が出てくるんじゃないか。彼のノーは日本語のノーなんだ。

杉村 今のところは基本的には国民の人気取りでしょ。今までの政治家と違うイメージを作り出す演出をやっていると思いますけれども、ああいうものに日本人がどこまでついていけるかというのもわからないところがある。

粉川　杉村さんも前の本で書いていたと思うんだけれど、やっぱり最後に天皇制が出てくるわけです。今の時代というのは、テクノロジーの要請もあるわけだし、インターネットであるとか、そういう情報システムの要請もあって結局、基本的にはアメリカシステムに帰属していかざるを得ない動きがある。そういう中で軌道修正して、産業構造も変えつつあって、銀行システムも金融システムも変わっていってるわけじゃないですか。だけども日本でそれをやっていっても最後はやっぱり天皇制に集約されるような、暗部というか、そこへ行くわけですよ。そのときどうするか。例えばいま、カードをみんな持っていて使っているわけだけど、これは一見アメリカ方式に見えて、実際にはそうではない。オンラインで何でも出来そうでいて、最後は、やっぱりプロテクトしてて、自由にならない部分というのがある。例えばインターネットで株を売買できるEトレードがある。アメリカの場合はクレジットカードか、銀行に預金があれば、キーボード上でライブで株を買える。株というのは秒単位で動いているから下がったときに買って、ピュッと上がったときに売るということができるわけ。こうやって金をかせぐ者をデイトレイダーと言う。ところが日本ではデイトレイドはできないんです。ネットを使っても結局、証券会社に依頼して売買する。そうすると、秒単位じゃなくて、一日単位とか、二日単位とかになる。そうするとその間に利ざやを稼ぐ組織があるわけです。ヘッジファンドはその最たるものだけど、普通の銀行だって、そういう利ざやを回わしてる。それが日本の場合は、とりわけて組織に有利になっている。最後のところは絶対個人にわたさないという反民主主義のシステム、これは天皇制ですよ。インターネットで個人がいろんなことができる条件が整ってきているじゃないですか。そうすると個人でそうとうなことをやる奴が出てきたときに、じゃあできるかというと、日本の場合、できないと思う。だから、システムが根底からこわれることもない。

杉村　なるほどね。粉川さんが言っている天皇制というのは、そういう資本主義メカニズムの日本的特性というか、そういうナショナリズムを規定しているものなんですね。

粉川　それも規定しているだろうと思う。それから言語においてもそうだろう。

杉村　むしろ意識の内部から日本人の行動形態を規制している、そこが決定的な感じが僕はするんですけどね。

粉川　ガタリが言っていたミクロポリティックス、分子革命というのは、一番主戦場になる場所ではあるだろう。

杉村　そのはずなんだけど、日本社会というのはそういう点に無頓着ですね。逆説的なことですが、ガタリが日本に興味を持ったのは、やっぱり西欧から見たら逆社会というか、あちらからすると、日本はいわばリゾーム的な社会だと感じたのではないかと思うんです。例えば都市の構造ひとつとっても、西欧の都市のつくりはどこへ行っても同じようなもので、そこでしゃべっている言語が違うだけ。ところが、日本へ来ると、都市の構造がアナーキーになっていて、どこになにがあるか、どこで何と何が結びついているかという点で、非常に複雑な不可視の領域が機能している。そういうところに彼は興味を持ったと思うんです。

粉川　それでその不可視であるにもかかわらず、連動するんだね。だから、西欧的な発想でいうと、例えば、日本はひどい、とか言って、そして、最終的に誰が悪いの?というわけですよ。誰が悪いの、と言われると、特定できないんだな。

杉村　責任主体がはっきりしないから。多分、ほぼ確実に、何でもいいんだけど、なにかある出来事とか、大きい政策とかは、誰かが言い出して、誰かが作り出しているわけですよね。ところが、日本では最終的にはみんながなんとなく合意したみたいな形にしていくから、まったく得体が知れない合意形成だね。しかし、そういう決め方が、彼からすると逆にポジティブに見えたりする。西欧社会は、基本的にディスクールがはっきりしていて、賛成か反対かというような、ある意味でわかりやすいといえばわかりやすい構造になっている。しかし、実際に彼が横断性とかリゾームとか、ああいう概念で言おうとしたのは、じつは、一見、ディスクール、言葉の世界の闘争で変化しているみたいだけれども、本当に世の中の変化を引き起こしているのは、そういう言語の世界以前というか、言語化できないものの結びつき、そういったものが動かしているはずなんだということでしょう。それが、日本では明瞭に現働化していると見えたんですね。西欧社会ではそれは潜在的なものとして見えにくいんだけれども、日本では、彼にとっては、目に見えるように感じたんじゃないですかね。

僕は彼に、なんでお前は日本に何度も来るんだと言ったら、日本に関することは全部興味があると言ってましたね。つまり逆のものを、異質な社会の機能の仕方を彼は多分日本社会に見つけたと思うんだけれども、我々からすると、逆なんですよ。もっとすっきりした西欧型の社会というか、言葉の対抗関係で、はっきりと路線が変わっていくほうが日本社会にとっては進歩じゃないかと僕なんかは思っているけれど、逆の交差のしかたをガタリはしたんですね。そういう意味では西欧社会も日本社会も、その両方をふくみながら、今後どのような展開が可能なのかなということですね。そういうガタリが提起した様々な概念とか洞察というのは、今まさに西と東、あるいは北と南、さらには地球は丸いといったような観点から、全体を見すえながら考えていくときになかなか役にたつ。だから僕なんかは思想というのはいいとこどりでつきあえばいいので、自分に役にたつところを取ってくればいいと考えているんです。ガタリ自身も自分の書いたものはわかるやつがわかればいいというところがある。

粉川　概念はどんどん道具として使ってくれと言っていましたね。

ガタリと精神医療

杉村　道具として使いうるものはまだいっぱいあるんじゃないかと思います。だから相変わらずガタリにつきあって、最近、ラボルドの話を中心にした『精神の管理社会をどう超えるか？』〔松籟社刊〕という本を友人と編集して出したんです。この本を作っていく過程で感じたのは、やっぱり彼の精神科医としての経験は思想の源泉として無視できないということですね。人生の半分くらいは狂人たちと共に生きたわけじゃないですか。

ガタリのパリの自宅にて、右・杉村昌昭。1991年8月

粉川　彼もかなりあぶない感じの人ですよね。

杉村　それはそうですね。周りの人間もそう言っていました。ラボルドというのは現実を批判すると同時に現実社会になお生き延びているユートピアみたいなものだから、彼がラボルドでのつき合いの中からとり出してきて概念にまで練り上げたものは少なくないですね。ドゥルーズとの共著にも登場する概念のルーツはラボルドにかなりあるんです。例えば彼が一九六四年に作って非常に有名になった横断性（トランスヴェルサリテ）という概念ですけれど、これも、もともと精神医療というか、狂人たちとつきあいながら出てきた概念なんです。実際問題として、患者と医師、看護人といった立場のあいだの関係というのは、表面からはあまりわからない、縦でも横でもない、つまり純然たる上下関係でも水平関係でもない斜めの関係で動いているわけです。横断性という概念はそこに由来するのです。ですから、それはトランスフェールいわゆる転移と関係のある概念でもあるんですよね。人間関係や社会関係は、目に見えない斜めにさまざまにからんだ関係で実際には機能しているということ。リゾームにしても、これは一種の無意識の言い換えですから、こういったことと関係があるわけです。ドゥルーズと一緒に作ったと言われている概念も、その元をたどると、ガタリが自分の実践的経験から引き出してきた概念が非常に多いということを、今度この本を編集する過程で改めて認識しなおしました。

粉川　ガタリというのはいろんな言葉を作っていますけれども、彫刻家が彫像を物化していくみたいな、そういうところがあって、完全にモダニストの概念構成とは違うわけですよ。例えばトランスヴェルサリテと言ったときに、転移という言葉から彼は考えたかもしれないんだけれど、その言葉が出来たときに、それを読んだ人がいろんなことを思いついたり、思い浮かべるというところがある。僕なんかトランスヴェルサリテという言葉を聞いたとき、トランスミッションですね。トランスということの射程がバアッと広くなっていくような、そういうことを思ったんです。そして彼は転移というレベルだけで考えているのかなと思っていたら、彼は自由ラジオにコミットしてる、とかそういうことが出てくるわけ。彼の中でも最初は転移なんだけれども、それがトランスミッションであったり、広がっていくところがある。彼は思いつきでその概念を言っているようなところがあるわけ。

杉村　それは非常に多いですね。

粉川　彼が言いだしたときには、それが何をどこまでの射程を含んでいるかわからないんだけれども、いつのまにか彼の中でも広がっていく。彼も活動の中で広げていく部分がある。

杉村　逆に言うとそういう言葉の作り方というのは、言葉の厳密な概念規定にこだわる人から言うと、非常に不正確なわけです。しかし、不正確の創造性というのもあるわけです。ドゥルーズは逆にむしろ言葉の厳密さみたいなものを重んじる。

粉川　やはりガタリをカバーしていたわけだからね。

杉村　厳密さと不正確さというのは、必ずしも矛盾することではないという例が多分、ドゥルーズ＝ガタリの特徴かもしれない。一見、厳密な概念でずっとやってきた哲学史家のドゥルーズにとって、自分の考えていたことをある種非常に不正確だけれども新しい言葉でガタリが言いあてるという関係。不正確さの持つ力といううんですか。ダニエル・ルロというラボルドで唯一の女性の精神科医がいますが、彼女は六〇年代、ちょうどアルジェリア戦争の後くらいに、理論物理学専攻の学生だったとき偶然ガタリに連れられてラボルドに行って、そのままラボルドで医師になったという女性なんです。彼女は理論物理学をやっていたせいもあって概念規定に非常に厳密なタイプの精神科医なんです。だから彼女は、ガタリが書いていることは非常に不正確だと言うわけです。それで、彼が唱えるスキゾアナリーズ（この本の中で分裂性分析と訳しなおしましたけど）って何なんだと、ガタリに聞いたっていうんです。そうしたら、お前が毎日ラボルドでやっていることだと答えたんだって（笑）。そういうアバウトなところが逆に言うと魅力なんだね。

ダニエル・ルロのドクター論文を読ませるためにドゥルーズをラボルドに呼んできたことがあるそうです。その論文をドゥルーズは高く評価したらしいんだけれども、彼はラボルドには一切興味を示さなかったそうです（笑）。やっぱりドゥルーズの方が現場の科学ではなくて概念の科学への志向が強いんでしょうね。粉川さんのインタビューの中でも、ガタリはある概念が科学的であるかどうかなんて私は関係がない、興味ないし、どうでもいい、そんなことを言うのはそもそもおかしいと言ってますよね。だから常に生成変化というか、概念を道具として使うことが重要で、いままさに粉川さんがおっしゃったみたいにトランスヴェルサリテというのからトランスミッションを連想するといったようなことを重視すべきでしょうね。人々の思想、想像力を触発する言葉というのは、それ自体として正確なものとはかぎらなくて、ある意味で不正確でもあるから、いろんな人がそれぞれの生活経験に応じてさまざまなことを着想できる。彼のつくった概念にはそういうふうなところがありますね。

粉川　哲学の歴史の中でもけっして歪んだ思想じゃないんですよ。例えば、ハイデッガーの言葉の作り方ってある意味でそうじゃないですか。例えばザインと言ったって、あとからギリシャにまでさかのぼって検証していくけれども、まずザインって言葉の形があって、そこから考えていくわけでしょう。だからハイデッガーにおいてすでにもうそういう言語形成の展開というのはあったわけだし、ハイデッガーはどこからインスパイアされているかというと、表現主義とか、彼が青年時代を送った言語の大きな組み替えの環境というのを彼は体験しているわけです。そういう大きな歴史的変換という中で考えれば、ガタリ的な、ああいう概念形成というのはある意味で当たり前で、むしろ哲学史の方が遅れているわけじゃないですか、そういう論理的な概念形成みたいなことにこだわっているというのは。だからある意味で今ドゥルーズを評価してガタリを貶め忘却させるという動きがあるとすればそれは逆転ですよね。ドゥルーズに対してだって失礼じゃないですか。

杉村　まったくそうなんですよ。僕はそれに類したことをアリエーズに言ったことがあるんです。ドゥルーズだってガタリに共感したのは、やっぱり書斎哲学者の限界みたいなものを感じていたからだと思うんです。街の哲学者でありたい、哲学というのは街の哲学以外ないはずだというような思いがあったからガタリとあれだけつきあったと思うんです。そういうことからいうと、せっかくガタリとともに街へ降りようとしたドゥルーズをまたアカデミズムの中に閉じこめるのは逆にもったいない。粉川さんのいうように失礼といえば失礼かもしれない。

粉川　「やっぱりドゥルーズだよね」っていうような動きってあるんだよね。
杉村　フーコーが「二一世紀はドゥルーズの世紀になるだろう」と言った、とかね。ああいう片言隻句をもってきて。
粉川　それはガタリとともにあったドゥルーズですよ。
杉村　七〇年代以降のね。
粉川　ドゥルーズが自殺したっていうのも、やっぱりガタリが死んでしまったということもあったと思うよ。
杉村　そのへんよく分からないですけれど、ショックを受けたことは確かですよね。

ドゥルーズとガタリ

粉川　『哲学とは何か』の中で、「私たちはコミュニケーションを欠いてはいないのであって、反対にコミュニケーションを持ちすぎている。だが、わたしたちには創造が欠けている。私たちには現在に対する抵抗が欠けているのである」と言っている。もうひとつ、次に続いて「概念創造は、それ自身において、未来の形式に助けを求める。概念創造は、ひとつの新たな大地と、まだ存在していない民衆を求めるのだ」と言っていますね。これはガタリの言葉かもしれないけれども、ドゥルーズの合意のもとで作られたものです。これがすごく印象的だな。だけど本当に杉村さんはガタリをアフター・ケアしてると思う。

杉村　何の因縁かね。

粉川　ガタリの日本での扱われかたはとにかくいいかげんだったわけだから。

杉村　フランスでもいいかげんなんです。日本の思想輸入に限った現象じゃなくて、フランスでも一緒なんです。結局アカデミズムというものに縛られる。アカデミズムにいてもアカデミズムに縛られない生き方ってできるわけです。ところがフランスの場合、日本みたいにいい加減なことしてたら排除されるということがある。日本でいえば医学部のボスが変わったらスタッフがそっくり変わっちゃうみたいな。そうすると、ドゥルーズ・ブランドというのを哲学界の中で一種の集合体として維持しつづけて、ポストを獲得することは死活問題になる。だからといってガタリを排除するには及ばないと思うんだけれども、やっぱり何か邪魔なんでしょうね。つまり、さっきから言っているように概念を精密にしていくには、こういういつでもまた勝手に自己増殖していくような言語は困るわけですよ。だからそういうこともあるのかなと思ったりするんですけれど。

エリック・アリエーズは当然ドゥルーズの線から来た人だと思っていたら、フランソワ・パンによるとそうではなくて、ガタリが形成した人間だと言うんです。そういう名残もあってか、最近ネグリなどと《multitudes》という雑誌を創刊するなど、政治化していますが、やっぱりドゥルーズだとアカデミズムで生き延びられるけれども、ガタリは余分であるという傾向が一般的にあって、なかなか抗しがたい力をもっているのでしょう。

粉川 『哲学とは何か』の中で、「思考するのはまさに脳であり、人間ではないのであって、人間とは脳における一つの結晶にすぎないものである」。これは発想的にはドゥルーズだと思うんです。ドゥルーズにはこういう発想があるわけです。そうすると、書いたテキストの中に何かずーっと追っていくと、思考主体があって、作者がいて、そこにすべてがあるみたいな発想はドゥルーズは最初から拒否している。だから、ガタリとのそういうコラボレーションというものを通じてテキストを作るということをやってきたわけだし、ある意味で、絶対主体、単一主体としての作者というものを否定したかったということがドゥルーズにはあったと思うんです。ところがドゥルーズだけで書いている本を読むと、いわゆる古典的なスタイルが残っているから、このテキストをずーっと読み込んでいくと最終的にはドゥルーズがいて、という、その安心感というのをおこさせるテキストなんだな。だから今になってガタリを切ったってドゥルーズが尊重されるというのは分かるよ。ドゥルーズを読んでいけばそこに全てがあるみたいな雰囲気というのを持っているじゃないですか。でもやっぱり『哲学とは何か』が、コラボレーションで、最後でしょ。ある意味でドゥルーズの遺言みたいなものが聞こえてきますよね。それは同時にガタリの遺言でもあるわけだけど。これはいい本ですよね。

杉村 そうですね、アリエーズなんかも、これはいい本だけれど、非常に難しい本だと言ってました。凝縮されてるからね。ドゥルーズ＝ガタリが書いた本はどちらがどちらという腑分けはできない。コラボレーションというかフュージョンというか一種の融合形態だから。

粉川 ガタリを消去するとなるとドゥルーズとガタリの共著というか作品ですが、テキストというのはどうしていくの？

杉村 ドゥルーズが書いたものというふうにしていくわけですよ。

粉川　マルクスとエンゲルスの区分けみたいなそういう話になっていくわけですか。

杉村　多分そうなんでしょうねえ。

粉川　ドゥルーズは、元のテキストみたいなのは残っていないんでしょ。いいじゃない、それ。完全犯罪になる。ドゥルーズは燃やしたんじゃない？（笑）

杉村　このまえ、フランソワも言ってましたけど、ジョルジォ・アガンベンというイタリアのネグリとも親しい人がいて、彼も一種のドゥルージアンですが、ドゥルーズ＝ガタリの本を引用する時に、ドゥルーズの名前しか出さないらしい。だからフランソワが、そりゃないだろうって怒ってました。そこまできてるみたいですよ。

粉川　マルクスの手稿みたいなことはできないから。いろんな説があって、ここの部分がガタリである、ここはドゥルーズである、みたいなテキストができるんじゃないの、これから。

杉村　どうなるんですかねえ。一番簡単なのはやっぱりドゥルーズ＝ガタリの書いた本はドゥルーズだって言っちゃうことでしょうね。

粉川　それは無理でしょう。だって絶対に明らかに彼の概念形成でしかない響きの部分があるもの。そういう部分が絶対はっきり出てるところがあるからね。例えば今のところだって、「私たちはコミュニケーションを欠いてはいないのであって」という部分、これは訳書の一五五頁だけど、それから、「思考するのは脳であり」、これは確かにドゥルーズかもしれない、こっちはガタリかもしれない……、とかなんとか言えるけど、分けたら矛盾をおこしちゃうもの。

杉村　そうですよね。

粉川　でも、これからそういうテキストができるかもしれませんね。学者は好きだから。それしか隙間がないからさ。

ハンダゴテの思想

杉村　僕なんかの素朴な考えかたから言うと、そうやってガタリを排除することによって、むしろドゥルーズの思想が貧困になり、ドゥルーズの継承の仕方が型にはめられて、運動的にも思想的にも影響力が減弱するという気がするんですがね。

粉川　それは哲学アカデミズムの衰退なんですよ。

杉村　もったいない話だと思うんですけれど。しかも、ガタリが人間的に非常に嫌な奴だとかいうなら別ですけども、そうじゃないですからね。ドゥルーズはそれほど社交的ではなかったようですが、ガタリは社交的だったしね。そのへんが非常に奇妙だなと思っているんです。やっぱり六八年以降、パリ第八大学でずっと哲学の講座をやって、周りにいっぱい若い学生が来て薫陶を受けたということで継承者が増えたわけでしょう。ガタリは大学で講義しているわけでもなんでもない。ラボルドと自分のパリの事務所を往復してただけで、町のいろんな、それこそハンダゴテを持っている人とつきあってたわけですから、いわば、継承者のスタイルが全然違う。いずれにしても、彼の思想が生き延びて最終的に古典になっていくかどうかというのは、表現者そのものの持ってる質的レベルというよりも、継承していく人間の創造性の方に依存しているところが非常に大きいわけです。一般的にいって、とくに絵画の世界なんかそうですよね。例えば印象派の画家だっていっぱいいろんな画家がいるわけ。誰が生き残って、誰が生き残っていないか。あるいは、一世紀前の、一九世紀末から二〇世紀初めのベル・エポックの時代。いろんな似たような作家が出てくるわけ。ある者は残り、ある者は残っていない。それは多分に継承していく人間の量的かつ質的な力量みたいなものによるのではないかと思う。だから、そういう意味では、せっかくドゥルーズ＝ガタリ二人で書いたんだから、ドゥルーズ＝ガタリとして継承していった方がはるかに広がりはあるはずだし、生きた思想として持続するはずなんですが、どうも、そうはいかないのがアカデミズムのやっかいなところですね。僕なんか哲学専門でもなんでもない。たまたまガタリから入って、ガタリのいいところを取って自分に生かそうと思ってきただけのことだから、この程度のことしかできないわけです。フランスでもそういう意味でのガタリの継承者というのが『シメール』という雑誌を中心にして集まっていて、これがガタリ派の拠点ですね。ドゥルーズ＝ガタリが作ったと言われているが、この雑誌は事実上ガタリが仕切っていたようです。だから死んでから何回も

『シメール』誌のガタリ追悼号（1994年夏）

追悼号を出すわけです。ドゥルーズの追悼号はない。一回出したかな。ずーっとガタリの遺稿を断続的に載せてるわけです。もっとも、ドゥルーズは遺稿がないらしいから載せようがないんでしょうけども。

粉川　遺稿はかなりあるんですか。

杉村　ストックという出版社からいずれ遺稿集を出すとコルペが三年ぐらい前に言ってましたが、まだ出ないから、おそらくあまりないんですね。ただ、この前『NRF』っていう雑誌に二回に分けてガタリの遺稿が出た。自伝だと朝日新聞なんかで報道された。自伝なんて書くわけがないと思ったら、要するに、自分の体験を映画の断片的なシーンみたいにしたものの羅列ですね。これはもう日本語に翻訳しても何の意味もない、というより翻訳不可能といったらいいでしょうか。非常に個人的な一種の日記みたいなスタイルで、ただ、ガタリに近い人間に言わせると非常に面白いというんだけれど、僕らが読んだってほとんど無意味というか、訳しても意味がないような、いわば自分の精神分析を実践していたんですね。その点では、やっぱりまじめな分析家なんですよ。

粉川　それは面白いじゃありませんか。

杉村　面白い。だけど、フランス語として、彼を知っているフランス人にとっては機能するだろうけれど、なかなかそれは翻訳しても機能しないんじゃないか。一応『NRF』が取り上げたということである程度は評判になったみたいなんですけど、翻訳はちょっと困難なんじゃないですか。粉川さんのインタビューの中でジェイムス・ジョイスが好きだって言ってるでしょ。ああいう感じのものなんですね。

粉川　『フィネガンズ・ウェイク』というのもある意味でモノローグだけれど。杉村さんもそうだし、僕はやっぱりそのガタリの肉声を聞いてるわけだけれど、本当に、しゃべっているときどんどん彼が近づいてくるんだよね。肉声を耳でびんびん響くほど聞いたというのは、僕にとってはいい思い出だし、インパクトでしたね。それと杉村さんが訳している この『闘走機械』の中で、「私の息子は政治に首を突っ込んでいるけれども、いわゆる言説とはあまりつきあわないで、むしろ、ハンダゴテを武器にして自由ラジオを組み立てているよ」というのがある。僕はまさにこれを継承していますよ（笑）。いまや僕の実践の主力はハンダゴテという感じなんです。だから、ガタリの使い方というのはまだいっぱいあると思う。

杉村　さっきから繰り返しているように、文化的、政治的、社会的活動家という、そういうところで、なにもガタリの思想が体系的にどうのこうのとは関係なく、しかし、影響を受けたよという人間はけっこういるんですね。ただまあ、『シメール』に集っている人々というのは逆説的にもガタリ思想の影響下で雑誌を続けていきたいというんで、こういう季刊雑誌を出していますね。この雑誌は、政治的であると同時に、なんでもかんでも載せる雑誌で、いわば『インパクション』と少し似てるようなところもあるんだけど、もうちょっとアカデミックな論文とか精神分析関係の記事が大目に入っている。こういう雑誌が生き延びていくというのはそれなりの意味はある、と僕も思っているわけです。ただ、アカデミズム派から言えば、こんな何もかもごたまぜの雑誌は……となるわけで、そういう人たちは離れていったみたいですけど。

第2部　シンクロニーとコンテンポラリー

ガタリとアメリカと

杉村　粉川さんは僕と違って英米系の言語媒体の文化から入っていると思いますが、ガタリはアメリカでどういうふうに受け止められたか、粉川さんはどういうふうにガタリを受け止めていったのかを一度聞きたいと思っていたんです。

粉川　僕はもともと現象学をやっていて、フッサール、ハイデッガーそしてメルロ＝ポンティへいったわけです。メルロ＝ポンティで修士論文を書いているんです。最初の本もフランス語の翻訳でした。どちらかというとフランス哲学にかなり入れ込んでいた頃がある。ある時期からメディアに関心を持ったことと、カフカの研究をやっていた。そのときにカフカがユダヤのイーディッシュ劇の影響を受けたということを知って、ヨーロッパ圏を調べていくわけです。イーディッシュ演劇はニューヨークに残っている、研究家がいるということがわかってから僕はニューヨークとの関係ができる。七五年に初めてニューヨークに行ったのはイーディッシュ研究家に会うためです。その時、ニューヨークはまさにメディアの激変の時代です。都市が情報とサービスの都市に変わるのが七五、六年、それにものすごくインスパイアーされてニューヨークにいれ込んでいく。

ニューヨークには、オルタナティブなマイナーな雑誌をおいている本屋があり、そこでイギリスの雑誌『サブ・スタンス』を見つけた。また、ニューヨークではシルビア・ロトリンジェ、ジム・フレミングといった『セミオテクスト』の連中と知り合う。彼らは七六年くらいからガタリの『ルシェルシュ』のアメリカ支部みたいなことをやってたわけで、『セミオテクスト』の初期のものは、ほとんど『ルシェルシュ』の英語版です。だから『セミオテクスト』を読めばドゥルーズ・ガタリに行く。

杉村　ガタリがそういうコネクションをつけたんだと思うんだけれども、きっかけは何だったんでしょう。ガタリは、けっこう古くからアメリカにもコネがあったみたいですよ。ガタリの戦前からの友人でブリヴェットという女性がいるんですが、彼女はガタリの紹介でジョン・ブキャナン［マッカーシズムでアメリカを追われた著名なジャーナリスト］と二〇年間生活を共にした人です。

粉川　ジム・フレミングがヨーロッパ志向の人間でヨーロッパの新しい動きに敏感だった。シルビア・ロトリンジェはコロンビア大学でフランス哲学・思想を教えていた。ジム・フレミングというのは活動する出版人で、もともとは学者志望だったんですが、活動していてドクター論文を書かなかった。アメリカであの頃からドクター論文を書かないと就職できない、教職が取れないいみたいな動きが出はじめていた。彼は雑誌を使った運動を始めていく。アンチ・コピーライト出版というのは今アメリカで活発になっているんですが、彼はそれの草わけです。いまは『セミオテクスト』は事実上やめて「アウトノメディア双書」に力を

『セミオテクスト』誌Vol.2-3号（1977年）

入れています。「アウトノメディア」からはハキム・ベイなども出ているし、ドゥルーズ＝ガタリのものも出てるんですよ。

杉村　それを回路にガタリがアメリカに入っていった。

粉川　七九年にイタリアの大弾圧があって、『セミオテクスト』がアウトノミア特集を組んだわけです。その前にいくつか集会があって、そこで僕はアウトノミア系の連中と知りあった。

杉村　ヨーロッパ経由で大西洋を横断してアメリカへ行った感じで、太平洋じゃないわけですね。僕は粉川さんは太平洋横断型だと思っていた。

粉川　僕は一九六〇年代に青春を送った世代だから、反米ですよ。アメリカには絶対行きたくないと思っていた。

杉村　日本で反米というとどうしても隅っこに行っちゃいますよね。僕もやはり二一世紀最大の課題はアメリカという国をどうするかだと思っているくらいですから。でも僕はかたくなな反米だったせいもあってか、行ったことないからアメリカを実感的につかめないわけです。

粉川　六〇年代にアメリカに関心をもったのは、反アメリカ、ニュージャズであるとか黒人の解放闘争であるとか、だから絶対にアメリカには行きたくないと思ったんだけれど、カフカを経由してアメリカに行った。運命的なことを感じるのは二度目に行くとき、ドゥルーズ＝ガタリ『カフカ』の書評をして翌日に行ったんです。そして左翼出版のちいさな本屋で『サブ・スタンス』を見た時、そこにいろんなドゥルーズ＝ガタリの文章がでている。カフカの話も出てくる。えーっと思った。

杉村　基本的にはそういうアメリカでも左翼系インテリの国際的回路を引く連中がちゃんといて入ってきてるわけね。

粉川　おもしろいなあと思ったのは、ニューヨークの中に第三世界があるということね。その中に当然、すれすれの状況でヨーロッパから亡命してきている奴とかいろいろいるわけ。そういうネットワークの中にうまくはいっちゃった。

杉村　『シメール』にロトリンジェがガタリのインタビューをしたのが載っているんですが、もともとは八二年に『インパルス』という雑誌に掲載されたものです。ちょうど粉川さんのインタビューのちょっとあとになりますね。これはわりとまとまったもので、イタリア問題からポーランド問題まではいっている。こういうものはアメリカでも知られているのですか。

粉川　基本的には『セミオテクスト』だけですよ。七〇年代に僕は『テロス』の編集委員を日本でやってたわけです。その頃は知らなかったんですが、『テロス』の編集長のポール・ピッコーネは隠れイタリア共産党なんです。彼がドゥルーズの紹介を書いている。当然ガタリに関心を持っていると思って八〇年にガタリのインタビューをしてからそれを「『テロス』に載せない?」と言ってテープを送ったんだけど、着かないと言う。もう一回送った。また着かないと言う。要するに彼はガタリに触れたくないわけ。ガタリは反イタリア共産党でしょ。

杉村　もちろん。七七年に自由ラジオのための大集会がボローニャであって、ガタリはイタリアへ積極的に介入して、そのときにイタリア共産党が排除したわけだから。当然それからガタリは望まれざる者なんですね。

粉川　そのあとポール・ピッコーネから、君はイタリアの「新しい運動」(アウトノミアという言葉は絶対に使わないわけ)にコミットしているようだが、あれは非常に危険である、注意した方がいいという手紙が来た。

杉村　警告があったわけだ(笑)。

粉川　だからイタリア共産党系からのガタリ排除がある。アウトノミア運動の象徴

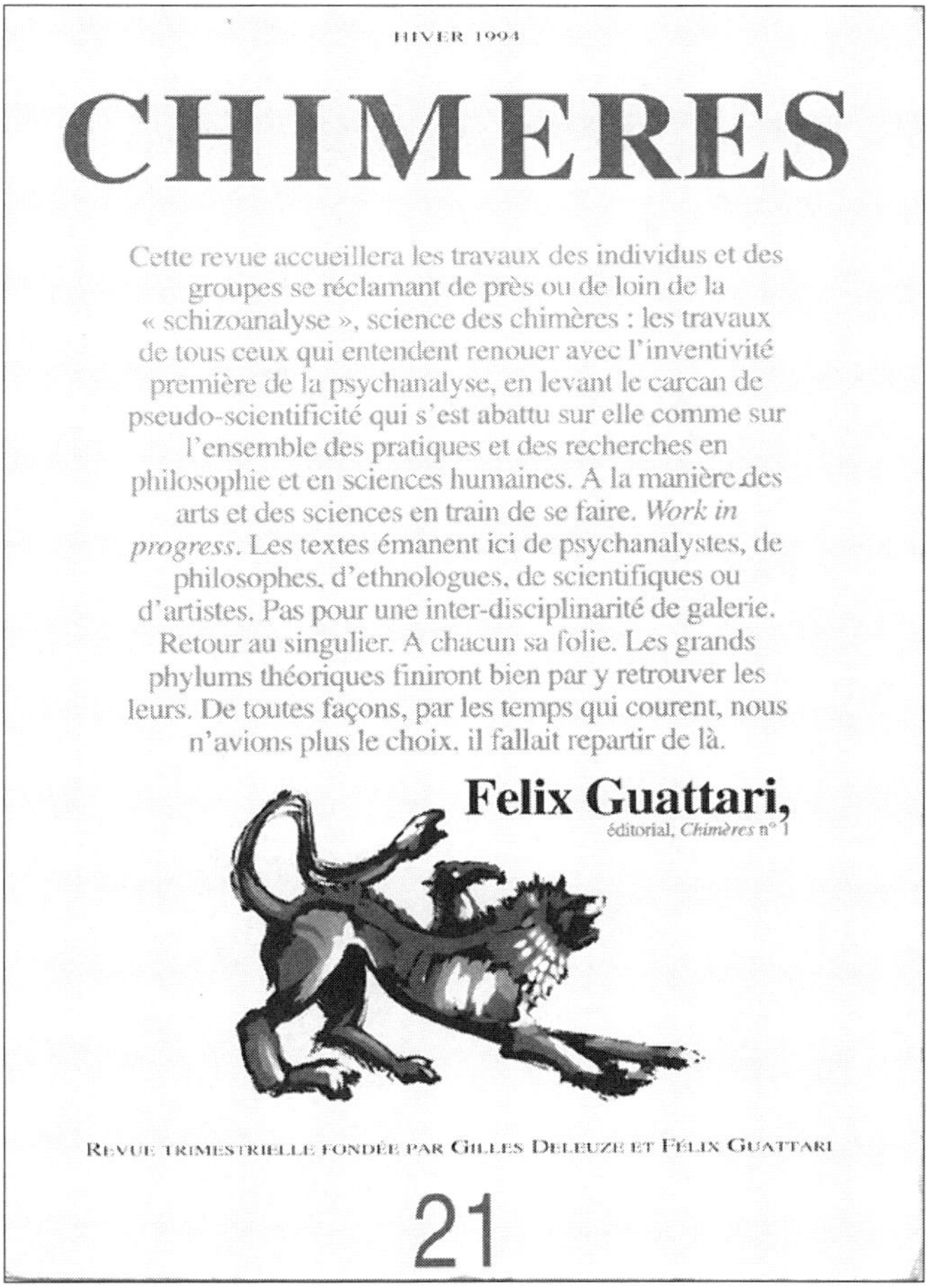
HIVER 1994
CHIMERES
Cette revue accueillera les travaux des individus et des groupes se réclamant de près ou de loin de la « schizoanalyse », science des chimères : les travaux de tous ceux qui entendent renouer avec l'inventivité première de la psychanalyse, en levant le carcan de pseudo-scientificité qui s'est abattu sur elle comme sur l'ensemble des pratiques et des recherches en philosophie et en sciences humaines. A la manière des arts et des sciences en train de se faire. Work in progress. Les textes émanent ici de psychanalystes, de philosophes, d'ethnologues, de scientifiques ou d'artistes. Pas pour une inter-disciplinarité de galerie. Retour au singulier. A chacun sa folie. Les grands phylums théoriques finiront bien par y retrouver les leurs. De toutes façons, par les temps qui courent, nous n'avions plus le choix, il fallait repartir de là.
Felix Guattari,
éditorial, Chimères n° 1
REVUE TRIMESTRIELLE FONDÉE PAR GILLES DELEUZE ET FÉLIX GUATTARI
21

『シメール』誌のガタリ追悼号（1994年冬）の表紙にのったガタリの「『シメール』創刊の辞」

的存在だったラジオ局〝アリチェ〟についての本にガタリが序文を書いている（「潜在する無数のアリーチェ」、『分子革命』所収）けど、その本の副題が、皮肉を込めて「アリチェは悪魔だ」となっている。体制側から見れば、アウトノミアはまさに「悪魔」だ。そんな運動を熱烈に支持するガタリも「悪魔」にちがいない。だからイタリア共産党系からも排除される、アカデミズムからも排除されるというパターンがある。

杉村　むきになって排除する必要のあるような男じゃないんだけれどね。面白い話だねえ、これは。

粉川　これはもう名誉だね。

杉村　粉川さんにとっては一応ぐるっと一周したわけね。カフカから大西洋を横断してアメリカへいってイタリアへ。アメリカとつき合い始めてから、アメリカに対する考え方は変わりましたか。

粉川　アメリカには第三世界があるということと、全く別のチャンネルがあるということを発見したということが一つです。それは今も生き続けてるわけですが、ただアメリカのフランスへの関心は『セミオテクスト』がひとつの先駆けであったわけだけれど、それのアカデミズム化、商品化というのはどんどん進んでいく。

杉村　日本と似てるところがある。

粉川　似てるんです。ある時期からは、ポール・ド・マンなんかとその周辺の連中が組織的にやっていくわけですが、七〇年代にニューヨーク大学でバルトを呼んだあたりから流れが変わった。リチャード・セネットがいて、フーコーの彼氏だったという人だから、フランス大好きね。彼は隠れ左翼的な傾向があり、当時はすごく売れてる知識人で、スーザン・ソンタグとも付き合いあったし、ニューヨーク大学を中心としたフランス派というのができた。そのへんが盛り上げていって、バルトの本がどんどん訳される。ポストモダン主義者ができてくるという動きがあって、デリダが訳される、フーコーも古典として訳されるという動きが七〇年代の終りから八〇年代になって出てきます。フレンチアカデミーみたいなものができてくる。マンの影響も強まり、ある種衒学的な厳密な研究方法を定着させていく。

リゾーム

杉村　ガタリの周辺と付き合うとリゾームなんですよ。ドゥルーズはドゥルーズで終りなんです。

粉川　ガタリが死ぬ少し前に、ジム・フレミングから、ガタリを呼んで、新しく登場したインターネットの問題でシンポジウムをやろうという話があったんです。僕はガタリと話せると期待してたんです。そうしたらガタリは死んじゃったんだけど。彼はメディアの新しい動きに対して常に関心を持っていた。

杉村　メディアというのは縦の関係じゃなくて横の関係で、まさに横断性で彼の概念と一番アクチュアルに結びつく分野だと思ったんでしょ。もともとはフランス共産党の異端トロツキストで出発した男だから、いわゆる観念的市民主義にならなくて、精神分析とか狂人と付き合ってるからやっぱりちょっと違うずれ方をして、新しいところに入っていった。そうすると社会が人間の内部から変化するということはどういうことかというのが最大の関心事でしょ。メディアというのは人間を内部から変化させる機能が使いようによってはあるものだから、どうとでも使える。こっち側の武器になるんじゃないか。ほっとくと体制のイデオロギー装置にしかならない。使いようによっては斜めに内部から展開するような使い方ができる。まさに技術革新でメディア界が変貌して行く時期に併走していた。

粉川　メディアの変貌というのも二つあって、一つは企業側の流れです。テクノロ

1981年のガタリ・インタビュー、左が粉川哲夫。(撮影・広瀬一美)

ジーが変化するとき、それは結局は資本蓄積と資本効率という方向で流れていくわけだけれど、ガタリには、常にそれに対する別の側面というのを掘り起こそう、それを運動化しようという発想があった。僕らがやっていた自由ラジオにもすごい関心を持って、まさにこれはミクロ・ポリティクスだしミクロ・レボルーションだ、ある意味でイタリアの自由ラジオよりも日本のミニFMの方がミクロ・レボルーションの的なんじゃないかと言ってましたね。彼の場合は元気づけるというか挑発するという、そういう力はあったね。

杉村 ガタリ、ネグリの線というのは六〇年代の体制否定という大きな否定の時代のなかで、同時に欲望を肯定する方向というものを内包していた。ところが七〇年代以降の運動というのは、ネガティブばかり縮小再生産していく形で運動がだめになっていった。それに対してガタリ、ネグリの線は、体制に対して一貫してノーだけれども、そのなかでなにかポジティブな欲望を打ち出していくような流れだと思います。ポジティブな路線を体制に批判的に内在しながら打ち出していく線だと思う。日本の左翼・新左翼もそういう転換をしなきゃいけないのに、しきれない、そういう問題をずっとひきずっているような気がします。そういう意味ではこの線はまだ生きている。ガタリは、カフカはまだ先生だという、しかし、マルクスやフロイトは機能しないのなら無理に機能させることはない、機能する領域で機能させればいいので、無理に機能させることはない、という。機能する場面だけで機能させればいい。そういう意味でのプラグマティズムがあるわけ。

粉川　一つは欲望という定義を彼は変えますよね。その場合肯定はするんだけれど、肯定の中にも現状肯定と、現状変革という面とがあるということを彼はしきりに強調している。

杉村　つまり、ドゥルーズのテーマでもあるけれど、内在というのがなぜ出てきたか。サルトルの哲学的処女作は『エゴのトランサンダンス』というのですけれど、これが邦訳では『自我の超越』となっている。超越というと垂直的な観念しか思い浮かばない。しかし断絶なんですよね。トランサンダンスという観念は縦（垂直）にいけば最終的には神になる。横（水平）にいったら人間と人間の断絶になって、そういうふうに断絶している最小単位をサルトルはエゴと呼ぶわけです。つまり、エゴとは断絶したものだという西欧の原理を改めてサルトルはつくった。しかしサルトルは、エゴは断絶しているけれども他のエゴと合一しようと絶えずむかっていく動きでもあるというわけです。それが「エゴのトランサンダンス」なんだと。そういう観点に結びつけていうと、ガタリは横断性と言いだし、ドゥルーズは内在性、ネグリも内在的革命とかバイオ・ポリティクスとか言いだすわけ。これはやはり切れた関係、切断する関係ではなくて繋げようとする動きですね。切って新たに繋げる、といった繋げる思想なんです。ガタリはしょっちゅう切断だとか言うから切る思想家と思われがちだが、切って新しく繋げるというまさに粉川さんが言ったハンダゴテの思想家ですね。

92年1月の沖縄公演のポスター

粉川　そう、ジャンクを繋げて違う物を作るブリコラージュね。カントはトランスセンデンタールとトランスセンデント、超越論的と超越的というのを分けていますね。だからトランスセンデンスというのはトランスセンデンタールの名詞なのかトランスセンデントの名詞なのか、解釈の違いが出てくるわけです。トランスセンデンタールの名詞化とすれば切れた超越、横断的な超越なわけ。そこがずらされて、超越的な飛び越えという方にとらえられていく。ドゥルーズも内在性というのはそういう方向で超越論的内在性というか内在的超越というかそういう方向でとらえられなければいけないんだけれども、逆行し始めている。

杉村　超越論的というのはそもそも超越的なものがあるのかないのか、超越性のリミットはどこにあるのかといったことを吟味し論じるという立場ですよね。ところが超越的立場というのは最初から超越的なものの存在を想定しちゃうから、運動でもそうなんだけれど、左翼は自己を絶対化して超越的な運動になっていく。そうじゃなくて相互に分子的に結びついた領域があって、そこを新しく組み替えたら違う運動が出てくる、それがあえて言えば内在的であり超越論的内在性でもあるということですね。ガタリにはそういう新しさがある。考えてみれば、あたりまえの話ではあるんですけどね。

粉川　それと言葉をどんどんつくっていくというのがあるわけですよ。これは僕は天皇制だと思うんだけれど、すり替えて行く。やはり左翼ということばにこだわるべきであって、面白いのは昔、深沢七郎が左翼というのを「左欲」と書いたんだよ。ガタリ的な欲望という概念に執着するのね。やはり左の欲というのがあるわけよ（笑）。横断的な欲。そっちに行かないとまずいんじゃないの。

欲望について

杉村　それととくに新左翼に強いんだけれど、左翼というのは資本主義社会におけるストイシズムの代名詞みたいになっているところがあった。自分の様々な欲望を押さえて運動するのがあたかも革命を起こすかのごとき幻想があった。これはガタリとネグリの違うところで、ネグリは『未来への帰還』の中でも、一方で、欲望を肯定しながら、他方で自分自身をストイックに追い込んでいくようなところがある。ガタリはそういうことはいわないですね。欲望はどんどん満たすべきでそのことで内部から資本主義を食い破っていくという方向ですね。もちろん、この場合の欲望というのは既成の価値観を食い破るというニュアンスですがね。ネグリはレーニン主義なのね。だから言うことがストイックなの。ネグリ自身の感性は実際はそうでもないんだけれど、ディスクールの形態としては非常に旧新左翼的なことを言うわけ。

粉川　ガタリとネグリが『新しい結合の諸線』の原稿を書いた時、送ってくれたんで読んだんだけれど、あそこではっきりと、ネグリとガタリの差異がでちゃった。やはりネグリというのはちょっと古いんですよ、いい意味でも悪い意味でも。

杉村　その古さが日本の新左翼系の流れと少し合うかもしれない（笑）。

粉川　「ネグリがいい」って言うのは、いま危ないよ（笑）。

杉村　ただあの義理堅さと革命思想に対する忠実さは非常に貴重なものだ。ポストモダンだなんだと言って無限転向するじゃないですか。だからある種の基本的原理にたいする理念的・感性的な忠実さというのは必要だと思う。そういう意味ではネグリのよさがある。たとえば、アルチュセールとガタリを読み比べた時そのスタイルに仰天するほどの違いがある。アルチュセールの古式豊かさというか、メロディーは、ほとんどなにわ節です。ガタリはポップ音楽なんですよ。どちらがいい悪いの問題ではないと思うけれども、それが日本では混同されて目茶苦茶になっているわけ。

久高島にて

粉川　ただアルチュセールの場合は、時代的なコンテキストが違いますよね。ネグリはいまの人だから。ダラ・コスタがネグリとアウトノミアを批判して、ネグリの運動は男の運動だと言っている。

杉村　ネグリは本当に男男した男だ（笑）。

粉川　ダラ・コスタはアウトノミアだったが、

そこに対して距離をとるようになったのはアウトノミアは男の運動だったからです。僕がアウトノミアの弾圧のあったあとイタリアに行ってあの連中と会ったけど、古いなにわ節の世界なんだよ。「ネグリは裏切者だ」というからびっくりしたけれどね。パドヴァの街で地図を見ていたら、イタリア人が「あなたは何しに来たの、まさかネグリに会いにきたんじゃないでしょうね」と話しかけてきたんだよね。ジョークだったんだけど、こいつは秘密警察じゃないかと（笑）、僕は警戒しちゃった。ネグリというのはそういう意味でポップスターになっていた。アンチヒーローだけれど。

概念と現場

杉村　『分子革命』の残りの一部を『精神と記号』というタイトルをつけて出したことがあります。でも『分子革命』のなかで一つ訳してない論文があって、頭の序文なんです。「オイディプスの墓」というタイトルで、リュシアン・セバーグ、ピエール・クラストルという六〇年代の彼の友だち二人に献げたものですね。セバーグはいわくつきの人物で、ガタリがトロツキスト活動家だった時代にソルボンヌにオル

嘉手納基地を見学するガタリ

グに行っていた時の知り合いで人類学者なんです。かれはアルチュセールの弟子でラカンの分析を受けている。

粉川 自殺したんでしょ。かなり期待された人でしたね。

杉村 レヴィ・ストロースがリュシアン・セバーグが生きていたら人類学の歴史は変わっただろうという弔辞を書いた男です。ジュディット・ラカンというラカンの娘に「ジュディットへ」という手紙を書いてピストル自殺をした。ラカンはショックを受けた。自分が分析をしていた人間が死んでしまったから精神分析家としてはショックですよね。ガタリは彼と六〇年代の親友なんです。『分子革命』の序文はリュシアン・セバーグに対する弔辞なんです。その文章が実はこのまえ『NRF』に掲載されれたガタリの遺稿というのとよく似た文体なんですよ。ようするにフラッシュばっかりやるわけ。文章じゃない。最後まで自分の精神分析をしてたのね、あれは。

粉川　杉村さんの訳している『分子革命』にラジオ・アリチェについて書いている文章がありますが、あれがまさにそうだね。

杉村　あれもそういう文体ですね。要するに電報を打つ時の文体。いわば機械的記述。

粉川　言葉の作り方もこれの結晶みたいなところがあるわけでしょ。

杉村　大阪で講演した時、講演原稿を先に送ってこないとできないからと言ったら送ってきたわけ。僕のところに非常勤にきていたジャン・ベルというカトリックの神父で面白い人（彼もガタリの死後、死んじゃったんだけど）がいて彼に見せたんです。何が書いてあるかよくわからなかったらしくて、僕の日本語の翻訳を見せたら、分かるという（笑）。ところがフランス語の文体としてはほとんど基本文型のリピートだとベルさんも言っていた。なにが違うかと言えばボキャブラリーですよ。基本文型のリピートの中でどれだけ新しいことを言えるかといえば、結局新しい概念をどれだけ盛り込んでいくかという話になる。その点でガタリはすごかった。新しい概念とその接続の仕方の新しさですね。

粉川　アジャンスマンですね。

杉村　そう。言葉の部品をとりかえて新しい発想で結びつけなおしちゃう。結びつけ方が一味違う。

粉川　ハンダ付けだ。（笑）

杉村　心臓と肺臓をぱっと入れ替えたり、足と手を入れ替えたりするわけです。

粉川　それは現代アートの流れを先取りしているかもしれない。コラージュやカットアップの技法とつながっているわけだよね。

杉村　彼の文体そのものがほとんど基本文型の繰り返しであるにもかかわらず難解であるという理由はそこにある。

粉川　例えば表現主義のなかでハイデッガーが彼の独自の造語法というのを作って行く。ガタリもどこかコラージュやカットアップの技法とつながっているところがあるわけです。そういう流れを考えたら、当然哲学はそのへんを理解しなくちゃいけないんです。それが後退しちゃうというのは情けない。

杉村　生きた哲学を殺すということですね。だからガタリを使うことが彼に対する供養なんです。『精神の管理社会をどう超えるか?』という本を出しましたが、日本の精神医学会は完全にガタリをパージしている。ガタリは政治的体験からノイローゼになってジャン・ウリに紹介されて一緒にやり始めた。その時原型ができた自分の精神地図をあちこちに持ち歩いて、どこへいってもそれをもとにしながらハンダゴテをやっていたわけです。

今回のこの本の話が出てきて、僕が非常にうれしかったのは、粉川さんがなにを思ったのかずいぶん前のインタビューを思い出して（笑）……

粉川　ベルギーにジャン・ポール・ジャケットという、ラジオのワークショップで僕を呼んでくれた男がいたわけです。ベルギーはガタリに対する関心が高いんですよ。なぜかというとベルギーはフランス語圏ですがフランスからは馬鹿にされているわけ。フランスの正統派に対して距離をおくという風土なんです。そのなかでメディアやアートに関心のある連中はガタリに対して非常に関心を持っている。そのなかで、僕はガタリに会ったことがある、インタビューもあるんだよと言ったところ、ぜひ見せてくれと言う。で、テープを送ったらバッーと起こしちゃったわけ（笑）。

それを僕にインターネットで送ってきた。向こうで出したいと言うから、ガタリはなにしてもいいと言っていたから出しなさいと言った。たまたまその話をインパクト出版会の深田さんにしたらぜひ見たいと言うので送った。そしたら今度は杉村さんがぱっと訳してしまったから急遽こういうことになった。こういうのを運動的ノリというんですね。

杉村　コンテンポラリーというのはそういうことだと思う。ガタリが死んでたかだか八年しかたってないんだから、昔の思想でも何でもないわけです。コンテンポラリーに思考し行動するのがグローバリゼーションに対抗する最大の武器です。そういう意味では翻訳活動というのは非常に機能的にしなくちゃいけない。速度が必要とされる分野だと思うんです。

粉川　僕はコンテンポラリーとは、コン・テンポラリーと理解してるわけ。コンとは横の全体であり、テンポラリーというのは一時的というか時間的、そうすると横断的断続性というものじゃないかと思う。だらっと続いてしまっている日常的時間性にたいして断絶を入れる。そして再活性化する。そういうことだと思う。だから動いてなければしょうがないわけで、コンテンポラリーなものというのは動いてなければしょうがないわけですよ。

杉村 時間の概念というのは空間性というものを孕んだ概念なんですよね。

粉川 その空間性はコンのほうにあると思う。

杉村 あえてペダンティックに言えばソシュールが共時性という発想を言語学の中に持ってくる。これはコンテンポラリーなわけ。つまりスイスなの。スイスは小さな国だけれど、複数の言語が共存している。それはいわば言語政治学的に言うと、異言語異空間が共存しうるテリトリーなわけですね。そういうところからシンクロニーという発想が出てくる。これは空間性を孕んでいる。シンクロニーとコンテンポラリーは概念として同時発生ですね。それまでの歴史学とか哲学の基軸というのはディアクロニックな時間主義的な軸だったのがあそこから変わってくる。ところがそういう発想が現実の運動なり現実の現象を把らえるときに生かしきれてない。世の中インターネットで世界中つながっているといいながら人間の感覚のコンテンポラリーな部分は全然結びついていない。だから時空間的なセンスとしてのコンテンポラリーな感覚をどこで展開するかという問題はあい変わらずメディアの空隙部分としてあると思います。いま、これだけ一見コンテンポラリーな活動が展開されているようにみえながら、人々がコンテンポラリーに考えるようになっていない。一体なんなのか。時に日本は酷いよね。英語やればコンテンポラリーだと思っている。だから船橋某という朝日新聞の御先棒かつぎが英語を公用語にすべきだなんて言い出したりする。政府もそれにのって、なにやらあやしげな「提言」が出たりもする。粉川さん、英語公用語論に対してどう思いますか。日本で英語公用語論を唱えることの愚劣さですね。

粉川　コンテンポラリーというのも、どろっとしたコンテンンポラリーと、その中に刻みをいれられたコンテンポラリーがあって、コンテンポラリーであるということは二つあるでしょ。現状肯定主義者が言うコンテンポラリーとそうじゃない、ガタリはコンテンポラリーな思想家であるという場合のコンテンポラリーは違うわけです。そのためにはどろっとしたコンテンポラリーのなかに常に活をいれていく、歪みをいれていくという活動が必要です。そういう意味で考えていかないとまずい。だからコンテンポラリーとは基本的にはディアシンクロニックというかそういうものだね。

杉村　なるほどね。もちろんそうだね。

粉川　日本の場合は天皇制の問題というのがつねにつきまとっている。英語公用語論に関していうと、もし英語を導入して天皇制も廃止できるならばそれでもいいと思うよ。だけど、現実は、例えばＪウェイブを聞いていると、だれにでも分かるところで「ハーイ、エブリボディ」とかいうわけです。でも、あれは英語じゃなくて日本語なんだ。もし国語を英語にしろというようなことが具体化したとしても、そういう英語が多くなるだけだと思う。それはピジン英語にもならないしフィリピンにおける英語にもならないし香港における英語にもならない。それはどうしてかというと基本的に細部を残す。要するに日本の暗部を残すから。日本語というのはすごいと思うのは、「アイはスクールにゴーする」と言えば日本語なんだよ。絶対英語にはならない。それは例えばドイツ語で「イッヒ　ゲイエ　シューレ」とか言っても、定冠詞なくても一応かたことのドイツ語でしょ。日本語の場合はアイはスクールにゴーするんだよね、と言ったって絶対残る、てにをはの天皇制みたいなのがある。そこまでぶち壊して英語にするというなら僕は賛成ですよ。でも絶対ならない。だから船橋某氏がどういうコンテキストで言ってるのか、それはただただアメリカに対する媚びか、疑似近代性のジェスチャーにすぎない。

杉村　ところが、それが日本の大学で英語以外の外国語はいりません、という昨今の傾向と結びついているんですね。

粉川　他の言語は排除でしょ。

杉村　そうなんです。それでもっと言えばアジアの人とも英語だけでいいんです、ということにもなってきている。かなり進歩的なアジア学者までそういうことをいう。

ガタリがミッテラン政権の誕生後いちばんショックを受けたのは、社会党政権がバスクの独立運動を排除して完全にパージしたことです。それまでは右翼政権もできなかったことです。バスクというのはスペイン・フランスにまたがって独立派が武装闘争をやってきたところですが、それをフランスの右翼政権も弾圧しきれなかった。ところがミッテラン政権はそれをやった。少数民族にたいする無理解を徹底的に明らかにした。ガタリが『闘走機械』の中でも語っているけれど、フランス内の少数民族どうしでも連帯運動があった。彼のいうリゾームとかトランスベルサリテという概念は少数民族の自己主張運動とも非常に深い関係がある。ミッテラン政権は右派政権もできなかったことをやった。日本の場合でいえば、社会党が政権に参入して同じようなことをやったわけですね。これは一体何なんだ。このショックは大きかった。そういうようなことがあるけれど、一方でガタリはマクロにも考える人間だから例えばＥＵ統合ではガタリはＥＵ派なんです。アメリカを意識したこともあるだろうし、ヨーロッパの個性を作るというよりも、ＥＵ統合をきっかけに、既成の国境を越える新しい動きが出てくるだろうと考えたんだと思う。ドゥルーズはＥＵ反対だったのね。フランスでマーストリヒト条約に反対したのはフロン・ナショナルと共産党、それとドゥルーズです。民族的個性が失われるという発想なのね。右も左も。これには一理あるとは思いますがね。

粉川　それはドゥルーズとガタリのメディア観の違いがあるんじゃないですか。ガタリはインターネットについてどのくらい知ってたかどうかしらないけれど、ああいうグローバルなメディアが出たときにかならず二つの側面、統合的な側面と同時に非常にリゾーム的な側面があるということを知ってたわけです。それはリゾーム的な側面は個々の活動の中で維持していかなきゃ絶対のびないけれどそれは絶対あるということは知ってたわけです。ＥＵ統合ができたときにバババババと統合されちゃう面が出るだろう。だけどそうじゃない面もいっぱい出てくる。現実にローカルの部分は活性化されている部分がいまあるわけですよ。インターネットの場合、僕は、その一番積極的な部分はトランスローカルな側面だと思っているわけ。現実にグローバルなメディアだと言っていてもそんな機能なんてしてないのです。インターネットを使って一人の人と地球の裏側のもう一人の人とが通信したっていい。一人の人が世界中に放送することもできるけど、インターネットでそんなことをしてもしようがない。点と点が結び付いたり、ローカルな部分で機能するときにインターネットの新しさが出る。

杉村　ローカルとローカルが結びつくというのがリゾームなんですよ。

粉川　インターネットは現実にそうだ。ベルギーの友だちが、フランス語のアクサンがついた原稿を送ってきた。僕は、アメリカ流のアスキー（ASCII）システムを使っているから、その中では外れちゃう。だから杉村さんに送った原稿ではアクセントが取れてる。ドイツ人はウムラウトついたので使ってるし、フランス人はアクセントだし、僕の学校だって韓国人の学生が学校のネットにハングルのソフトを入れろと言って入れたんだから。そういう使い方はできる。いま翻訳のシステムが発達してきていて、イタリアのアウトノミアの連中が自動翻訳機を使って、イタリア語を全部英語に直して同時にデータ化したりしている。だからインターネットというのは単一言語で機能するものじゃないし、そんな使い方をしては面白くないわけ。

杉村　インターネットをやるには英語だけで十分だ、という馬鹿な一元的認識を改める必要がある。

粉川　英語そのものはクレオールみたいなところがあるから役立つところもある。

杉村　クレオールといえば、ぼくはガブリエル・アンチオップという日本在住の歴史家とつき合ってるけど、彼の先生はネグリチュード運動を始めたエメ・セゼールの後継者で、エドゥアール・グリッサンという有名なフレンチ・クレオールのイデオローグなんだ。このエドゥアール・グリッサンはガタリと親しくって、八〇年代にオデオン座近くのアパートで一階違いで住んでいたということをこの前フランソワ・パンから聞いて、さもありなんと思いました。ガタリはかなり広範囲な具体的人間関係を持っている。そういうところから発想が出てくる。概念があってつきあいが出てくるのではなく、つきあいがあって思想や概念が出てきている。

粉川　ガタリがイタリアの運動を知れば、それがインパクトになって『ミル・プラトー』がでてくる。ひどいのは概念を作っといてその事例としての運動を探すというのがいるからなあ。一つ例があれば終り。ニュートン力学の世界だから（笑）。
杉村　そういう意味でガタリは動いた人でしたね。
粉川　そのなかで修正してますよ、どんどん。
杉村　そこが偉いところだね。ドゥルーズにとってのノマドというのは動かないノマドなんだ。頭の中で世界中旅ができる。これもまた素晴らしいわけ。だけど動くことはやっぱり必要ですね。ただし動いて現場でなにをつかんでくるかが問題だ。現場に行っても、見ようとしなければ見れないわけだから。理論と実践はどっちかがどっちかを規定するんじゃなくて、どちらも必要に応じて作り替えていかなければならない。そういう意味で、ガタリの思想は、いろんな現場からいいところどりをしながら生成変化していったということでしょうね。

（第1部第2部とも二〇〇〇年三月十日、東京本郷にて）

アクティヴィストの眠り
ガタリを新たな「強度」の中に解き放つために

粉川哲夫

つねに〈マイナー〉で〈ミクロ〉

一人の偉大な人物が死ぬと必ずといってよいほど、「一つの時代の終り」ということが語られる。が、これほど月並みなクリシェはないだろう。思想家や芸術家の「時代を代表する」側面などというものは、実際には何の意味もないからである。少なくとも、フェリックス・ガタリの場合、彼の時代などというものはなかったし、彼の時代などというものを想像することも不可能である。ガタリは、つねに《マイナー》な位置にいたし、《ミクロ》なレベルで活動してきた。

ただし、日本の場合は若干事情がちがった。ガタリが大企業主催のシンポジウムに招かれて記念講演をするなどということが何度かあったからである。ガタリの書いたものは全く読まなくても、かなりの人が「ドゥルーズ＝ガタリ」の名を知っていた。これはガタリ自身が驚き、また彼自身をして、日本について真剣に考えてみようという気を起こさせたところのものである（たとえば、大澤真幸氏のインタヴュー、『消費の見えざる手』所収参照）。

その意味では、ガタリは日本では一つの「歴史」をもっている。

日本でガタリが知られるようになったのは、一九七〇年代の後半である。まず、豊崎光一訳『根茎（リゾーム）』（朝日出版社）が出、それから宇波彰・岩田行一訳『カフカ——マイナー文学のために』（法政大学出版局）が出た。しかし、この時点では、（すでに蓮實重彦氏によってジル・ドゥルーズについての紹介はなされていた——が、なぜかそこではガタリの存在はすっぽりと切り落とされていた）「ドゥルーズ＝ガタリ」におけるガタリの役割や機能はほとんど見えなかった。

概念は〝使う〟ものだ

ガタリの「独立」した姿勢や思想、さらには「ドゥルーズ＝ガタリ」における単なる「共作者」を越えた機能があらわになるのは、一九八〇年一〇月に彼が初めて来日してからである。さいわい、わたしは彼にインタビューすることができ、それを「日本読書新聞」に発表した。

ここで明らかになったことは、ガタリにとって一九七〇年代のイタリアで吹き荒れたアウトノミア運動が極めて大きなインパクトをもったことであり、彼が自由ラジオを初めとするいわば「分子的」で「長持続の歴史」に関わるようなさまざまな運動に深くコミットしているということだった。

当時日本で知られていたガタリの風貌は、ドゥルーズのかたわらに立つ、白いスカーフを首にまいた少壮学者といった面持のそれであって、そこから想像される人格は、おとなしいものであった。しかし、わたしのまえに立った実物のガタリは、学者というよりもつねにひらめきのなかにいる《アクティヴィスト》であった。アクティヴィスト――「活動家」というよりも、アクションに関わり、アクションを仕掛ける能動者。わたしのインタビューを企画した高島直之があとで奇妙なことを言った。

「ガタリの言うことは、フランス語がわからなくてもビンビン響いてきますね」

たしかにガタリのディスクールにはそういうところがある。それでいて、というより、それだからこそ、彼の話をトランススクライブすると、明晰な文章になっている。が、ガタリ自身は、わたしに言った。「わたしは、さまざまな概念を構築するが、それは、抽象的な普遍性を求めてのことではない。概念は使うものであって、それをアーティストならアーティストが自分の領域で使ってみてそれがだめなら作りかえればよいのです」。これは、「ドゥルーズ＝ガタリ」の最後の書となった『哲学とは何か?』(一九九一)でも強調されていることである。

すべての理論に「現代」の生気が

一九八一年五月にガタリが再び来日した。このとき、彼は何かのシンポジウムのパネリストとしてやってきたはずだが、ホテルに電話したときの話では、「権威主義的な国家の存在を肯定する集まりだったので途中でオリた」とのことだった。「時間はいくらでもあるよ」ということで、二日にわたって話を聞くことができた。ときどき日本人のガールフレンドとたわむれながら、彼は、イタリアの獄中で闘っているトニー・ネグリとアウトノミア運動の帰結、ミッテラン政権の登場とフランスの政治・文化状況、「スキゾ分析」、「機械状無意識」、そしてカフカについて熱烈に語った。

このインタビューは、三週連続でまたもや「日本読書新聞」の一面を飾り、自由ラジオについては『月刊イメージフォーラム』に掲載され、マイナーなレベルでは熱い反応があった。しかし、ガタリがもっと一般的なレベルで知られるようになるのは、一九八三年九月に浅田彰『構造と力　記号論を超えて』（勁草書房）が出、ベストセラーになってからである。

浅田氏は、以後、「ドゥルーズ＝ガタリ」思想の熱心な解説者をつとめ、また、ドゥルーズとガタリに直接学んだ宇野邦一氏らの手堅い翻訳・紹介（たとえば『現代思想総特集　ドゥルーズ＝ガタリ』一九八四年九月号）も始まり、ガタリの思想への通路はぐっと大きく開かれた。

わたし自身は、その間に、若干ガタリへの関心を失っていた。彼がフランスの自由ラジオ運動から手を引いたこと、ミッテラン政権へのコミットメント、理論的には出つくした感じがしたことなどがその理由だが、むろん、それは、私の勝手な解釈にもとづくものであった。

一九八四年の五月に、ガタリから分厚いコピーの束が届き、開いてみると、それは、トニー・ネグリとの共著『新たな結合の諸線』(翌年『自由の新たな空間』として出版された)のタイプ原稿で、開いた第一ページからガタリの戦闘的なディスクールがビンビン響いてくるようだった。早速、当時わたしのゼミに顔を出していた上野俊哉らと読書会をはじめ、その一部は「日本読書新聞」に掲載されたが、現在では、丹生谷貴志氏による全訳(朝日出版社、一九八六年)がある。

一九八五年一一月、ガタリは、若い新夫人をともなって再び日本にやってきた。この来日を準備した浅田彰氏は、ガタリとわたしに自由ラジオについて論じさせる集まりを仕掛けてくれた(ジャーナル・シンポジウム「ポスト・メディア時代への展望」、『朝日ジャーナル』、一九八五年一二月二七日号)。そこでガタリが提起した「ポストマスメディア的メディア」という概念は、なかなか刺激的で、このとき、なぜ彼がフランスの自由ラジオを見限ったのかがよくわかったと同時に、わたしは、わたしがかねがね主張してきたように、ガタリがかつて「分子的」なメディアと呼んだ自由ラジオ、そしていま新たに「ポストマスメディア的」と呼んでいるメディアは、むしろ日本のミニＦＭの自由ラジオにこそあてはまるのではないかという印象を新たにしたのだった。

そんなこともあったためか、ガタリは、平井玄の案内で山谷を訪れた足で、下北沢の自由ラジオ局「ラジオホームラン」にやってきて、放送をした。

わたしは、残念ながら、カゼを引き、その集まりには参加できなかったが、浅田彰、細川周平、コリーヌ・ブレの諸氏が通訳を演じ、不思議な空間が生まれたと聞いている。なお、この日のドキュメントが、梶洋哉氏の多数の写真とともに『東京劇場——ガタリ、東京を行く』(ユー・ピー・ユー)というタイトルで魅力的な一冊にまとめられている。

一九八六年に市倉宏祐訳『アンチ・オイディプス』(河出書房新社)が出たころから、ガタリ自身の『分子革命』(杉村昌昭訳、法政大学出版局、一九八八年)、『機械状無意識』(高岡幸一訳、同、一九九〇年)、『三つのエコロジー』(杉村昌昭訳、大村書店、一九九一年)等々、日本でのガタリへの通路はますます広くなったように思う。

しかしながら、わたし自身には、ガタリがどのような運動(ミクロであれマクロであれ)に関わりながら思考しているのかが見えなくなってきた。それまで彼が最も刺激的だったのは、彼が状況を《分析》(それは新たな言葉を創造することである）するときであり、しかも、それによって《権力機械》の「仕組み」をあらわにしてくれるときだった。その意味では、『カオスモーズ』（一九九二年）にはある種の乖離が感じられるのである。

かつてわたしがヨーロッパの新しい運動――自由ラジオを初めとするアウトノミアの運動、『ルシェルシェ』のようなラディカル・ジャーナルの出版活動、そして、やがてアウトノミアの活動家に対して加えられた弾圧に抗議して救援する運動等々――のなかでその存在を知ったガタリはその時点において最も有効な理論と状況を「横断的」に結びつけ、歴史的実践の新しい局面を見せてくれる極めて刺激的な思想家＝アクティヴィストだった。

一九七〇年代に彼が「分子的（モレキュール）革命」と言ったとき、彼は暗黙のうちに、イリア・プリゴジンのカオス論やフェルナン・ブローデルの歴史論を極めて創造的に発展させ、政治的・文化的実践のレベルにそれらをリンクさせていた。ガタリがとりあげると、すべての「理論」が《現代》の生気を帯びた。

しかし、近年は、そのような側面が後退していたような気がする。むろん、思想家は、いつまでもアクティヴィストでいることはできない。次第にその思想は「内在性」のなかに封じ込められていく。そして、だからこそ、思想の他者にとってアクティヴィズムの次元が与えられるのだ。

が、いま「死」という一つの「内在性」のなかに閉じ込められたガタリを新たな「強度」のなかに解き放つことは、彼が、マルクス、フロイト、ラカン、イェルムスレウ、バフチーン……に対して行なったのとも異なるやり方を必要とするだろう。

それが発見されるまでガタリは眠りつづける。ボン・ヌイ！

（「図書新聞」二一二〇号、一九九二年一〇月三日）

あとがきにかえて

粉川哲夫氏から「かつてガタリにインタビューしたときの録音テープが見つかったので、杉村さんにでも訳してもらって出版しないか」という連絡が入ったという電話が、インパクト出版会の深田卓氏からあったのが、昨年末のことだった。その後、質問は英語、応答はフランス語でなされているこのテープを起こした原稿を送ってもらって見たところ、なかなかよくまとまった内容だったので、正月に一気に訳して、深田氏に送るとともに、これだけで出版するのは少し寂しいので、粉川氏と私が対談してガタリについて語ろうという提案をした。粉川氏もそれを快く了承して、できあがったのがこの本である。

粉川氏によるガタリへのインタビューは、一九八一年五月のミッテラン大統領初当選と相前後する時期におこなわれたもので、いわばガタリがもっとも〝のっていた〟頃のものである。したがって、いまからおよそ二〇年ほども前のものではあるが、時事的な事柄への言及は別として、ガタリの根本的思想態度のもつ有効性はいささかも古びていない。一九九二年八月のガタリの急死からやがて八年になるが、このインタビューの翻訳と粉川氏との対談を通して、ガタリの思想がまだ命脈を保っていることを改めて確認することができた。

この本の出版に先立って、私はトニ・ネグリの『未来への帰還――ポスト資本主義への道』という本をインパクト出版会から翻訳出版しているが、それもあわせて読めば、ネグリがいかにガタリを継承しているかということがよくわかるだろう。生産という概念を単に経済的な生産に限定するのではなくて、情動や主観性の生産にまで拡張しながら考えていこうというネグリの八〇年代以降の転換は、ガタリとの遭遇から生まれたことは明らかである。ネグリがガタリの影響を受けて発展させた概念はこれにとどまらず、枚挙にいとまがないくらいだが、とくにネグリが最近マイケル・ハートとの共著として出版した話題の新刊《Empire》(HARVARD UNIVERSITY PRESS)が、ガタリがかつて『分子革命』のなかで展開した「統合された世界資本主義」という概念を重要な下敷きとして用いていることを指摘しておこう。ガタリ、ドゥルーズの死後、その薫陶を受けた者たちが、しだいに非政治的なアカデミズムの殻の中に回帰している感のある昨今、このネグリを中心とした最近の活動は貴重な動きと言えるだろう。

いずれにしろ、ある思想が生き続けるか否かは、単に時代の流れにフィットする「運」によるだけではなくて、それをなんらかのかたちで引き継ぐ者の「力量」にもよっているだろう。いまのところ、ガタリをもっともエネルギッシュに継承しているのはネグリのように思われるが、実はガタリの影響力はアカデミズムとは無縁のさまざまな領域の文化活動家のなかに分散しながら生き続けてもいる。匿名化しながら影響をおよぼしつづける潜勢力と可動性、ここにガタリ思想の真骨頂があるのかもしれない。

この本は「ガタリ入門」と銘打ちながら、あえてガタリの思想や行動についての教科書風の解説をつけていない。この点については、本書に収録した粉川氏の「追悼文」、ならびに私がかつて『三つのエコロジー』の解説として書いた「横断性・分子革命・エコゾフィー」という小論を参照していただければ幸いである。しかし、私が読者に期待したいのは、なによりもこの本からガタリの生の声を感じ取ってもらい、そのなかの共感した部分を各自の思想的方向づけや具体的実践に活用してもらいたいということにつきる。それが死者の思想が後世に生き続ける唯一の道だと思うからである。ボン・ヴワイヤージュ！

二〇〇〇年四月

杉村昌昭

フェリックス・ガタリ著作一覧

単行本として刊行されているガタリの邦訳書にかぎった。

『カフカ―マイナー文学のために』ジル・ドゥルーズと共著、宇波彰・岩田行一訳　法政大学出版局　1978年7月
『自由の新たな空間』トニ・ネグリと共著　丹生谷貴志訳　朝日出版社　1986年1月
『東京劇場―ガタリ、東京を行く』ガタリ他著　写真・梶洋哉、ユー・ピー・ユー　1986年4月
『アンチ・オイディプス―資本主義と分裂症』ジル・ドゥルーズと共著　市倉宏祐訳　河出書房新社　1986年5月
『リゾーム…序』ジル・ドゥルーズと共著　豊崎光一訳・編　朝日出版社　1987年6月、『リゾーム』(『エピステーメー』創刊2周年記念10月臨時増刊号1977年刊) の複製・増補
『分子革命―欲望社会のミクロ分析』杉村昌昭訳　法政大学出版局　1988年3月
『機械状無意識―スキゾ分析』高岡幸一訳　法政大学出版局　1990年9月
『三つのエコロジー―andポストメディア社会に向けて「日本講演」』杉村昌昭訳・解説　大村書店　1991年4月
『30億の倒錯者』＊＊＊著、ガタリ協力、市田良彦編訳　インパクト出版会　1992年6月
『三つのエコロジー（新装版)』杉村昌昭訳・解説　大村書店　1997年10月
『精神分析と横断性―制度分析の試み』杉村昌昭・毬藻充訳　法政大学出版局　1994年6月
『千のプラトー』ジル・ドゥルーズと共著　宇野邦一他訳　河出書房新社　1994年9月
『政治と精神分析』ジル・ドゥルーズと共著　杉村昌昭訳　法政大学出版局　1994年11月
『闘走機械』杉村昌昭監訳　松籟社　1996年1月
『精神と記号』杉村昌昭訳　法政大学出版局　1996年9月
『哲学とは何か』ジル・ドゥルーズと共著　財津理訳　河出書房新社　1997年10月
『分裂分析的地図作成法』宇波彰・吉沢順訳　紀伊國屋書店　1998年2月

フェリックス・ガタリ著作一覧

これはアメリカで出版された『ガタリ読本』(*The Guattari Reader*)の巻末に付けられているガタリのビブリオグラフィーである。すべてを網羅しているわけではないが、よくできた目録なので、直接ガタリの文章に触れたいと思う人のために付けることにした。

(杉村昌昭)

1970 "La contestation psychiatrique" [Review of Franco Basaglia, *L'institution en négation*], *La Quinzaine littéraire* 94: 24–5.

1972 *Psychanalyse et transversalité*. Paris: François Maspero.

—— "Laing divisé" [Review of R.D. Laing, *Soi et les autres*, *Noeuds* and Laing and Esterson, *L'équilibre mental, la folie et la famille*], *La Quinzaine littéraire* 132 (du 1er au 15 jan.): 22–3.

—— With Gilles Deleuze. *L'Anti-Oedipe: Capitalisme et schizophrénie*, Paris: Minuit.

1973 "Le 'voyage' de Mary Barnes", *Le Nouvel observateur* (28 mai): 82–4, 87–93, 96, 101, 104, 109–10.

1974 "Interview/Félix Guattari" [by Mark Seem], *diacritics* IV/3 (Fall): 38–41.

—— With Deleuze. "Bilan-Programme pour machines désirantes", appendix to *L'Anti-Oedipe*, 2nd ed. Paris: Minuit.

1975 "Une sexualisation en rupture" [Interview by Christian Deschamps], *La Quinzaine littéraire* 215: 14–15.

—— "Le programmiste institutionnel comme analyseur de la libido sociale" [2 juillet 1974], *Recherches* 17: 430–37.

—— "Le divan du pauvre", *Communications* 23: 96–103.

—— "Sémiologies signifiantes et sémiologies asignifiantes", in *Psychanalyse et sémiotique* [Colloque tenu à Milan en mai 1974 sous la direction de Armando Verdiglione], Paris: Union Générale d'Editions, pp. 151–63.

1977 "Psycho-Analysis and Schizo-Analysis" [Int. by Arno Munster, trans. J. Forman], *Semiotext(e)* II/3: 77–85.

—— "Freudo-Marxism", trans. J. Forman, *Semiotext(e)* II/3: 73–5.

—— "La Borde un lieu psychiatrique pas comme les autres" [Discussion. C. Deschamps, Roger Gentis, Jean Oury, J-C Pollack, and F. Guattari], *La Quinzaine littéraire* 250: 20–1.

—— With Deleuze. "Balance-Sheet: Program for Desiring Machines", trans. R. Hurley, *Semiotext(e)* II/3: 117–35.

—— *La Révolution moléculaire*, Fontenay-sous-Bois: Encres/Recherches.

—— With Deleuze. *Anti-Oedipus: Capitalism and Schizophrenia*, trans. Robert Hurley, Mark Seem, Helen R. Lane, New York: The Viking Press.

—— "Mary Barnes' Trip", trans. Ruth Ohayon, *Semiotext(e)* II/3: 63–71.
1978 "Les radios libres populaires", *La Nouvelle Critique* 115(296): 77–9.
1979 "A Liberation of Desire" [Int. by George Stambolian], in *Homosexualities and French Literature: Cultural Contexts/Critical Texts*, eds. G. Stambolian and Elaine Marks, Ithaca: Cornell University Press, pp. 56–69.
—— *L'Inconscient machinique: essais de schizo-analyse*, Fontenay-sous-Bois: Encres/Recherches.
1980 "Why Italy?" trans. John Johnston, *Semiotext(e)* [Autonomia] III/3: 234–37.
—— "The Proliferation of Margins", trans. R. Gardner and S. Walker, *Semiotext(e)* III/3: 108–111.
—— *La Révolution moléculaire*, Paris: Union générale d'éditions.
—— With Deleuze. *Mille Plateaux: Capitalisme et schizophrénie*, Paris: Minuit.
1981 "Becoming-woman", trans. R. McComas and S. Metzidakis, *Semiotext(e)* IV/1: 86–8.
—— With Deleuze. "A Bloated Oedipus", trans. R. McComas, *Semiotext(e)* IV/1: 97–101.
—— "Interpretance and Significance", trans. R. De Vere, *Semiotica* [Special Supplement on É. Benveniste]: 119–25.
—— "I Have Even Met Happy Travelos", trans. R. McComas, *Semiotext(e)* IV/1: 80–1.
—— "Mitterrand et le tiers état", *Le Nouvel observateur* 876 (Août): 12–13.
1982 "The New Alliance" [Int. by S. Lotringer], *Impulse* 10/2: 41–4.
—— "Like the Echo of a Collective Melancholia", trans. Mark Polizzotti, *Semiotext(e)* [The German Issue] IV/2: 102–10.
1983 "Plaidoyer pour un 'dictateur' ", *Le Nouvel observateur* 961 (Avril): 27–8.
1984 *Molecular Revolution: Psychiatry and Politics*, trans. Rosemary Sheed, Harmondsworth, Middlesex: Penguin.
—— "La Gauche comme passion processuelle", *La Quinzaine littéraire* 422 (du 1er au 31 août): 4.
1985 With A. Negri. *Les Nouveaux espaces de liberté* [suivi de "Des Libertés en Europe" and "Lettre Archéologique"], Paris: Dominique Bedou.
—— And Oury, Jean and Tosquelles, François. *Pratique de l'institutionnel et politique*, ed. Jacques Pain, Vigneux: Matrice.
1986 "Questionnaire 17" [On the City], trans. B. Benderson, *Zone* I/2: 460.
—— *Les Années D'Hiver* 1980–1985. Paris: Bernard Barrault.
—— With Deleuze. *Kafka: Toward a minor literature*, trans. Dana Polan, Minneapolis: University of Minnesota Press.
—— "L'impasse post-moderne", *La Quinzaine littéraire* 456 (du 1er au 15 Fév.): 21.
—— "The Postmodern Dead End", trans. Nancy Blake, *Flash Art* 128: 40–1.

1987 "Cracks in the Street", trans. A. Gibault and J. Johnson, *Flash Art* 135 (Summer): 82–5.
—— "Genet Regained", trans. B. Massumi, *Journal: A Contemporary Art Magazine* 47/5 (Spring): 34–40.
—— With Deleuze. *A Thousand Plateaus: Capitalism and Schizophrenia*, trans. Brian Massumi, Minneapolis: University of Minnesota Press.
1988 With Gisèle Donnard, "Nationalité et citoyenneté", *Le Monde* (9 fév.): 2.
—— "*Urgences*: la folie est dans le champ", *Le Monde* (9 mars): 22.
—— "Un scrabble avec Lacan" [hommage à Françoise Dolto], *Le Monde* (28–29 août): 6.
1989 "La famille selon Elkaïm" [review of Mony Elkaïm, *Si tu m'aimes, ne m'aime pas*], *Le Monde* (10 mai): 17.
—— "Un entretien avec Félix Guattari" [Int. by Jean-Yves Nau], *Le Monde* (6 sept.): 19, 21.
—— "The Three Ecologies", trans. Chris Turner, *New formations* 8: 131–47.
—— *Les Trois écologies*, Paris: Galilée.
—— *Cartographies schizoanalytiques*, Paris: Galilée.
1990 "Entretien sur *L'Anti-oedipus*", in Deleuze, *Pourparlers*. Paris: Minuit, pp. 24–38.
—— "La machine à images", *Cahiers du cinéma* 437: 70–2.
—— "Réinventer la politique", *Le Monde* (8 mars): 2.
—— "La Terre-patrie en danger" [Review of *La Planète mise à sac, Le Monde Diplomatique*, mai 1990], *Le Monde* (6 juin): 2.
—— "La révolution moléculaire", *Le Monde* (7 déc.): 2.
—— With Antonio Negri. *Communists Like Us*, trans. Michael Ryan, New York: semiotext(e).
—— "Ritornellos and Existential Affects", trans. Juliana Schiesari and Georges Van Den Abbeele, *Discourse* 12/2: 66–81.
—— "Des subjectivités, pour le meilleur et pour le pire", *Chimères* 8: 23–37.
1991 "Pour une éthique des médias", *Le Monde* (6 nov.): 2.
—— With Deleuze. *Qu'est-ce que la philosophie*? Paris: Minuit
—— "Les folies de l'humanité" [Review of Xavier Emmanuel, *Les Prédateurs de l'action humanitaire*], *Le Monde* (18 déc.): 12.
1992 "Une autre vision du futur", *Le Monde* (15 fév.): 8.
—— "Un nouvel axe progressiste", *Le Monde* (4 juin): 2.
—— with Edgar Morin and Edgard Pisani, "Un appel" [pour Yougoslavie], *Le Monde* (19 juin): 2.
—— "Machinic Heterogenesis", trans. James Creech, in *Rethinking Technologies*, ed. Verena Andermatt Conley on behalf of the Miami Theory Collective, Minneapolis: University of Minnesota Press, 1992, pp. 13–27.

—— "Regimes, Pathways, Subjects", trans. Brian Massumi, in *Incorporations*, eds. J. Crary and S. Kwinter, New York: Urzone, pp. 16–37.
—— "Pour une refondation des pratiques sociales", *Le Monde Diplomatique* (oct.): 26–7.
—— *Chaosmose* Paris: Galilée.
1992–93 "Félix Guattari" [Int. by A-M Richard and R. Martel], *Inter* 55–56 (Automne-hiver): 11–13.
1993 "Postmodernism and Ethical Abdication" [Int. by N. Zurbrugg], *photofile* 39 (July): 11–13.
—— "Toward a New Perspective on Identity" [Int. by Jean-Charles Jambon and Nathalie Magnan], trans. Josep-Anton Fernández, *Angelaki* I/: 96–9.
1994 With Deleuze. *What Is Philosophy?* trans. Hugh Tomlinson and Graham Burchell, New York: Columbia University Press.
—— "Les machines architecturales de Shin Takamatsu", *Chimères* 21: 127–41.

フェリックス・ガタリ（1930～1992）
フランスの政治活動家・精神分析医。若い頃から政治と精神医療に横断的に関わりながら、多様な運動を展開する。来日経験も多く、92年沖縄を訪れた年の夏、突然死去する。著書・論文はドゥルーズとの共著を含め多数（巻末の著作リスト参照）
粉川哲夫
1941年生まれ。東京経済大学教員。著書に『メディアの牢獄』『これが「自由ラジオ」だ』『情報資本主義批判』『バベルの混乱』『シネマ・ポリティカ』『もしインターネットが世界を変えるとしたら』など多数。
杉村昌昭
1945年生まれ。龍谷大学教員。著書に『漂流する戦後』『資本主義と横断性』、訳書にガタリ『分子革命』、ネグリ『構成的権力』『未来への帰還』、編訳書に『精神の管理社会をどう超えるか？」など多数。

政治から記号まで
思想の発生現場から

2000年5月2日　第1刷発行
著　者　フェリックス・ガタリ
　　　　粉川哲夫
　　　　杉村昌昭
装　幀　藤原邦久
発行人　深田　卓
発　行　(株)インパクト出版会
　　　　東京都文京区本郷2-5-11　服部ビル
　　　　TEL03-3818-7576 FAX03-3818-8676
　　　　http://www.jca.ax.apc.org/~impact
　　　　E-mail:impact@jca.ax.apc.org
　　　　郵便振替0110-9-83148

シナノ印刷